Gaëlle Le Guirriec-Milner

L'essentiel des Mécanismes de l'Économie

2e édition

Gualino
lextenso éditions

LES CARRÉS

Cette collection de livres présente de manière **synthétique, rigoureuse** et **pratique** l'ensemble des connaissances que l'étudiant doit posséder sur le sujet traité. Elle couvre :

- **le Droit et la Science Politique ;**
- **les Sciences économiques ;**
- **les Sciences de gestion ;**
- **les concours de la Fonction publique.**

Catalogue général adressé gratuitement
sur simple demande :

Gualino éditeur
Tél. 01 56 54 16 00
Fax : 01 56 54 16 49
e-mail : gualino@lextenso-editions.fr
Site : www.lextenso-editions.fr

ISBN 978 - 2 - 297 - 01221 - 8

PRÉSENTATION

Cet ouvrage propose une introduction à l'économie générale sous forme de thèmes traités comme des ensembles structurés d'analyse. Toutefois, la compréhension de chaque chapitre est liée à celle des autres ; des renvois (signifiés par une *) indiquent les *concepts « transversaux »* étudiés lors de différents chapitres.

Le livre est structuré en cinq grandes parties :

- ***introduction à l'analyse économique*** : définitions et méthodes, présentation rapide des grands courants de pensée en économie ;
- ***le travail, l'emploi et le chômage*** : les théories du chômage, les manifestations du chômage, les politiques d'emploi ;
- ***le financement de l'économie*** : marché de la monnaie, marché du crédit et marché des capitaux ;
- ***l'inflation*** : causes et effets de l'inflation ;
- ***les interventions de l'État dans l'économie*** : justifications, manifestations et critiques.

Cette première édition s'adresse principalement aux étudiants de premier cycle universitaire (Sciences Économiques, Droit, AES), à ceux des sections BTS et des écoles de commerce, ainsi qu'à tous ceux qui sont engagés dans la préparation des différents examens de l'enseignement supérieur de gestion.

SOMMAIRE

2

Travail, emploi et chômage

3

Le financement de l'économie

4
L'inflation : calamité, mal nécessaire ou antidote ?

5
Les interventions de l'État dans l'économie

PARTIE 1

Introduction à l'analyse économique

Qu'est-ce que l'économie ?

CHAPITRE
1

Une définition de l'économie par son objet d'étude ne permet pas de comprendre réellement ce qui différencie l'économiste des autres scientifiques, des sociologues notamment. Il est donc préférable de définir l'économie par sa méthode.

1 La façon de penser l'économie : la définition de l'économie par son objet d'étude

Il est courant, à la question « qu'est-ce que l'économie ? », de recevoir en réponse une liste de sujets concrets dont s'occupe l'économiste : la production, la consommation, les échanges, la monnaie, la croissance, l'inflation, le chômage…

Les philosophes et les économistes eux-mêmes ont défini l'économie par son objet d'étude (voir également *Chapitre 2*) :

- d'abord « ***art du gouvernement domestique*** » pour les philosophes grecs (Aristote, Xénophon) se rapportant à la racine étymologique « économie » (« oikos » : *la maison* et « nomos » : *les règles d'organisation*). L'économie ne concerne donc que la sphère privée ;
- puis, et ce jusqu'au XIXe siècle, « ***science de l'enrichissement*** » avec la montée de l'individualisme et la constitution des États nations, d'une part, et le développement du capitalisme marchand, d'autre part. Cette acquisition des richesses est permise par la présence d'un État fort et les exportations de biens (selon les Mercantilistes*), le travail de la terre (chez les Physiocrates*) ou le travail et la liberté d'entreprendre (chez les Classiques*) ;

- « ***étude de l'organisation sociale de la production et de son évolution au cours de l'histoire*** » selon les auteurs socialistes* qui, sous l'impulsion de K. Marx, vont introduire les rapports sociaux de production dans l'analyse ;
- ou encore « ***science des échanges marchands*** » selon les Néoclassiques* pour lesquels l'économie est une science qui analyse les comportements humains (visant l'allocation de moyens rares à des fins données) et leur coordination sur le marché.

2 La façon de penser des économistes : la définition de l'économie par sa méthode

Toutefois, la définition de l'économie par son champ n'est pas satisfaisante dans la mesure où aucun phénomène n'est strictement « économique » et, à ce titre, tous sont bien souvent l'objet d'étude des sociologues, psychologues, politologues ou historiens. Finalement, la spécificité qui fait de l'économie une discipline autonome tient à ***la méthode que l'économiste utilise***.

■ *Analyse positive et analyse normative*

Toute démarche scientifique en économie suppose une analyse positive, c'est-à-dire la compréhension/explication de « ce qui est ». Le théoricien se doit donc d'être ***méthodologiquement amoral*** en évitant de porter ses propres jugements moraux ou philosophiques (fruits de ses valeurs, de son éthique, de ses préférences politiques) sur la façon dont se conduisent les individus en société. Ainsi, si les faits contredisent les conclusions de la théorie, celle-ci sera rejetée sans que l'on puisse dire que telle idée était juste ou fausse.

Mais l'économiste n'étant ***pas éthiquement neutre***, s'il porte un jugement moral sur les individus dont il étudie les comportements, il fait alors une analyse normative, c'est-à-dire indique « ce qui devrait être » selon lui.

■ *L'abstraction*

L'analyse théorique procède par abstraction, c'est-à-dire met en œuvre une véritable démarche scientifique, ce qui suppose de :

- choisir ***un référentiel*** et une ***méthode d'analyse***, fonctions de l'approche micro* ou macro*-économique retenue ;

– ***modéliser***, c'est-à-dire établir une représentation simplifiée de la réalité sous une forme littéraire, géométrique ou algébrique, dans laquelle tous les aspects sans importance d'un phénomène sont négligés, mais qui incorpore les facteurs clés ;
– ***tester*** le raisonnement économique à l'épreuve des faits, c'est-à-dire apporter, à l'appui de l'argumentation, des preuves empiriques de nature historique, statistique, expérimentale, … de manière à établir les relations entre les variables et à estimer la robustesse du modèle (sa capacité explicative). Les modèles appliqués pourront ensuite servir d'outils pour prévoir les effets des politiques économiques (capacité prédictive des modèles).

Finalement, la démarche de l'économiste suit les étapes de la ***méthode hypothético-déductive*** ; elle définit les concepts et les outils de mesure utilisés, puis formule des hypothèses qui vont structurer le modèle et ainsi conduire à des conclusions… sachant qu'une hypothèse particulière, celle du « *ceteris paribus* », suppose, dans l'analyse d'un comportement donné (la consommation d'un bien X ou la production d'un service Y, par exemple), de « faire comme si » une seule des variables exogènes était modifiée, les autres restant constantes.

La ***variable endogène*** est celle que le modèle cherche à expliquer. Les ***variables exogènes*** du modèle sont les variables explicatives.

Les grands courants de la pensée économique

CHAPITRE
2

Le champ disciplinaire de l'économie n'est pas unifié ; plusieurs corpus théoriques renvoyant à autant de visions différentes du monde cohabitent et/ou s'affrontent.

1 La pensée économique pré-classique

Alors que le commerce et l'enrichissement étaient tenus en suspicion jusqu'alors (voir les écrits des philosophes grecs, de quelques auteurs romains et des Pères de l'Église), les grandes découvertes et l'essor des échanges aux XVe et XVIe siècles vont révolutionner la vision des économistes sur le monde, en faisant de l'économie une branche distincte de la philosophie et de la théologie.

■ *Les Mercantilistes*

Dans un contexte d'essor des échanges commerciaux et d'installation des monarchies absolues de France et d'Espagne, le courant mercantiliste dominera la pensée économique européenne entre le XVIe et le milieu du XVIIIe siècle.

Les Mercantilistes (le Français J. Bodin [1530-1596], l'Espagnol L. Ortiz [1558], l'Anglais W. Petty [1623-1687]) s'intéressent à la puissance du royaume et à sa capacité à lever une armée. Pour ce faire, une Nation doit disposer d'or et de métaux précieux qu'elle attirera par l'***exportation de biens et services*** (donnant lieu à une entrée de monnaie en paiement des produits vendus à l'étranger) ou retiendra par ***le protectionnisme*** (limitation directe ou indirecte des importations de marchandises).

Ainsi, le prince doit s'appuyer sur la classe des marchands, encourager la production des manufactures d'État et soutenir les manufactures privées (royales), les compagnies commerciales et la marine.

■ *Les Physiocrates*

Le plus célèbre représentant de la Physiocratie (« gouvernement de la nature ») est F. Quesnay [1694-1774], qui aime à penser que l'économie fonctionne comme un circuit, sur le modèle du système sanguin qui irrigue tout le corps humain.

Ainsi, pour les Physiocrates, dont la pensée a connu son apogée au cours de la seconde moitié du XVIIIe siècle, la « classe productive » n'est pas constituée des marchands mais des paysans, l'enrichissement de la Nation provenant du ***travail de la terre***, seule en mesure de produire un surplus au-delà des matériaux utilisés. Et c'est le produit net de l'agriculture qui va circuler, après que la classe productive a payé ces « avances » (entretiens des travailleurs et réserves de semences) aux autres classes de l'économie : les propriétaires fonciers (ils sont propriétaires des terres qu'ils louent à la classe productive et sur lesquelles ils prélèvent une part du produit) et les commerçants/artisans (qui transforment les biens ou s'adonnent au négoce sans créer de richesses supplémentaires).

Les Physiocrates s'élèvent contre les politiques qui délaissent l'agriculture au profit de l'industrie naissante et revendiquent la ***liberté du commerce*** des grains, de manière à répondre à la pénurie (l'offre de biens agricoles peut être inférieure à la demande certaines années) par l'importation plutôt que par l'envolée des prix. Toutefois, en plaçant l'agriculture comme seule activité générant du produit net et en n'expliquant pas l'accumulation du capital (A.-R. Turgot [1727-1781] introduira pourtant la possibilité d'épargne et admettra que la classe stérile peut générer du produit net), la théorie physiocratique montre ses limites.

2 Les Classiques

La révolution industrielle voit naître et se développer un nouveau courant de pensée, l'École classique, qui marque l'avènement de l'économie moderne avec la parution du traité d'A. Smith sur *La nature et les causes de la richesse des Nations* en 1776, puis avec les travaux de D. Ricardo [1772-1823], de T. Malthus [1766-1834], de J. Stuart Mill [1806-1873] et de J-B. Say [1767-1832].

Préalablement à *La richesse des nations*, A. Smith [1723-1790] publia *La théorie des sentiments moraux (1758)*, ouvrage fondamental pour comprendre ***les tendances naturelles de l'homme*** ; il est égoïste (mû par l'optimisation de ses intérêts propres), respectueux de la propriété privée et du travail d'autrui, a soif de liberté et à une propension naturelle à l'échange.

Premièrement, avec les Classiques, la notion de richesse change de nature. En effet, ***les sources de la valeur*** sont à trouver dans le travail nécessaire à l'obtention des choses chez A. Smith et D. Ricardo (chaque individu peut acquérir des biens par son propre travail ou par l'échange d'un produit contre un autre ; c'est la théorie de la *valeur-travail* incorporée) ou dans l'expression du désir que les hommes éprouvent pour les choses chez J.-B. Say (*valeur-utilité*).

> La ***source de la valeur***, dans une société évoluée, est à trouver dans le travail ou dans le revenu procuré par l'accumulation et l'avance des capitaux ; c'est la *théorie de la valeur-travail incorporée*. Ainsi, la valeur d'usage d'un bien renvoie à sa capacité à satisfaire un besoin et sa valeur d'échange (capacité à acquérir un autre bien) est considérée comme la somme des salaires, de la rente et du profit.
>
> La ***mesure de la valeur*** repose sur un étalon unique : le travail, qui permet d'obtenir d'autres biens que l'individu peut ne pas avoir à fabriquer. C'est la *théorie de la valeur-travail commandée*.

D'autre part, la découverte des premières lois de la mécanique physique inspire les Classiques pour lesquels il existe un ***ordre naturel*** éclairant le fonctionnement de l'économie. Le principe de la ***main invisible*** suppose que, dans une économie de marché, chaque individu, en cherchant son intérêt personnel, œuvre non intentionnellement pour l'intérêt général et l'économie revient spontanément à l'équilibre. Ainsi, les comportements individuels s'agrégeant harmonieusement, la liberté du commerce et de l'entreprise est la condition de l'enrichissement. L'État ne doit pas intervenir, sauf pour protéger la propriété privée.

> Un autre clivage existe au sein de l'École classique entre ***les optimistes*** (A. Smith) qui pensent que de la division du travail (technique et économique) et de l'échange naît l'accroissement des richesses, et ***les pessimistes*** (D. Ricardo et T. Malthus), ces derniers pensant que la surnatalité provoque la famine ou que l'évolution de la répartition des richesses en faveur des rentiers finira par entraîner l'économie vers la stagnation.

3 L'économie marxiste

Selon les écrits économiques de K. Marx [1818-1883], les tendances internes du capitalisme recèlent des contradictions indépassables qui vont déclencher systématiquement les crises économiques.

> Le ***capitalisme*** est un mode de production caractérisé par la propriété privée des moyens de production et la nécessité d'accumulation du capital (utilisation des profits pour l'investissement et le développement de la production).
>
> Ce système existe dans un contexte historique donné qui l'amènera à évoluer, voire à disparaître.

En fait, tout en reprenant la distinction entre valeur d'usage et valeur d'échange du travail, K. Marx développe sa théorie de la production de biens et services socialement utiles. Tout se passe comme si le capitaliste, détenteur des moyens de production, s'appropriait la valeur du travail que fournit le prolétaire (qui, lui, n'a que sa force de travail dont la vente constitue sa seule source de revenu), mais en ne le rémunérant qu'au minimum de subsistance (c'est-à-dire ce que lui et sa famille coûtent en produits). Il capte ainsi la ***plus-value***.

D'autant que pour augmenter leur profit, les capitalistes sont tentés d'accroître leurs capacités de production en introduisant des innovations techniques dans le processus de production, c'est-à-dire en remplaçant des travailleurs (capital vivant) par des machines (capital mort) et en concentrant leur appareil productif (rapprochement d'entreprises) afin de bénéficier d'économies d'échelle. Compte tenu de la moindre utilisation du travail direct, la valeur des biens produits diminue ; de plus en plus de chômage* est généré – gonflement de l'armée industrielle de réserve – et, à terme, la plus-value et le taux de profit baissent… ce qui conduit la société vers des ***conflits sociaux***.

Si la loi de la baisse tendancielle du taux de profit se vérifie empiriquement, le capitalisme comme mode de production doit disparaître et laisser place aux systèmes socialiste, puis communiste.

> Le marxisme économique a eu une grande ***influence sur la pensée économique*** du XIXe et du XXe siècles, tant au niveau des écoles qui se sont directement inspirées des travaux de K. Marx tout en laissant de côté l'aspect idéologique (les *Écoles marxiennes*), qu'à celui des *Écoles marxistes* qui adhèrent à la doctrine et aux propositions fondamentales (R. Luxembourg [1870-1919], Lénine [1870-1924]…).

4 L'École néoclassique et ses héritiers

L'École néoclassique naît de la « révolution marginaliste* » dans les années 1870 et devient la première école de pensée jusqu'à la crise de 1929 et l'avènement de la pensée keynésienne*. Elle redeviendra dominante à partir de la stagflation* des années 1970.

On distingue les fondateurs (de l'École de Lausanne – L. Walras [1834-1910] et W. Pareto [1848-1923] –, de l'École de Cambridge – W. Jevons [1835-82] – et de l'École de Vienne – C. Menger [1840-1921]) et les courants néoclassiques contemporains.

■ *Les principes fondateurs*

S'ils reprennent, dès la seconde partie du XIXe siècle, les fondements classiques (existence de lois naturelles qui commandent le retour à l'équilibre, main invisible), les Néoclassiques pensent que la valeur marchande d'une chose ne dépend pas de la quantité de travail nécessaire pour la produire, mais de son ***utilité*** ou plus exactement de la satisfaction que la dernière unité consommée procure aux individus (valeur utilité-rareté et raisonnement à la marge, c'est-à-dire sur des quantités additionnelles et non globales).

Ainsi, l'*Homo œconomicus* (homme économique) est supposé poursuivre rationnellement son intérêt personnel, c'est-à-dire maximiser son profit ou sa satisfaction (satisfaction de fins illimitées avec des moyens limités et incertains). L'objet d'étude de la pensée marginaliste est donc bien le comportement et les choix humains.

L'***individu rationnel*** a des préférences, qu'il est capable d'ordonner ; il a une conscience objective de son intérêt (maximisation de l'utilité sous contraintes) et une capacité à juger et à anticiper parfaitement la situation et les événements qui l'entourent afin de prendre les meilleures décisions.

H. Simon [1916-2001] considère toutefois que la rationalité est ***limitée***, car les individus ne recherchent pas la solution optimale, mais s'arrêtent, consciemment ou non, à la première solution satisfaisante qu'ils découvrent. Cette rationalité, dite *procédurale*, se fonde donc sur le modèle économique qu'ont les agents, mais aussi leurs perceptions.

Enfin, si les conditions de ***concurrence pure et parfaite**** sont réunies, c'est-à-dire si l'ordre naturel est respecté, l'économie se maintient en équilibre. Une intervention extérieure au marché est condamnable (celle de l'État, par exemple), car en altérant l'ordre naturel, elle perturbe le fonctionnement du marché, seul capable de coordonner les plans individuels d'offre et de demande, leurs connaissances et leurs capacités de calcul économique.

Deux types d'équilibres, c'est-à-dire des situations dans lesquelles les acteurs économiques n'ont plus intérêt à modifier leur comportement, existent :

- ***l'équilibre partiel*** entre l'offre et la demande d'un bien ou service donné, obtenu par l'accroissement (en cas de demande excédentaire) ou la baisse (en cas de surproduction) des prix. A. Mashall [1842-1924] raisonne en équilibre partiel ;
- ***l'équilibre général*** obtenu, selon L. Walras [1834-1910], dès que (n-1) marchés sont en équilibre partiel.

Les courants néoclassiques contemporains

La théorie néolibérale comporte plusieurs écoles qui s'accordent sur la critique des interventions de l'État dans l'économie. En fait, si elles reconnaissent les imperfections du marché, elles considèrent qu'en aucun cas celles-ci ne justifient l'interventionnisme public.

a) La Nouvelle micro-économie

G. Becker [1930], G. Stigler [1911-1991], J. Viner [1892-1970], mais aussi K. Lancaster [1966] appliquent la démarche néoclassique à tous les comportements humains, y compris les décisions non marchandes que sont amenés à prendre les individus (éducation, religion, mariage et divorce).

b) Le Monétarisme

Fervents partisans du fonctionnement autonome du marché, les Monétaristes, avec à leur tête M. Friedman [1912-2006], pensent que la politique budgétaire* et le déficit public* ne peuvent résorber le chômage à long terme, mais seulement déstabiliser l'économie en provoquant des effets d'éviction et l'inflation.

Quant à la politique monétaire*, elle perd de son efficacité si elle est anticipée, même si les anticipations des agents sont adaptatives.

c) La Nouvelle économie classique (NEC)

Les Nouveaux Classiques, c'est-à-dire les macro-économistes de l'*École des anticipations rationnelles* (R. Lucas [1937] notamment), affirment que les agents sont capables de diagnostics et de prévisions, ce qui invalide tout volontarisme public sauf à ce que l'État surprenne tout le monde en émettant un « bruit blanc ». Les marges de manœuvre des hommes politiques s'en trouvent donc réduites pour la mise en place des politiques économiques.

En revanche, ils recommandent une politique structurelle active (dépenses d'éducation, recherche…) pour permettre la production d'externalités* qui alimentent la croissance économique (*théorie de la croissance endogène de* R. Lucas [1937], R. Barro [1944], P. Romer [1986]).

d) La théorie de l'offre

Les libéraux américains, notamment A. Laffer [1941], vont affirmer le rôle prépondérant de l'offre de biens et de services en remettant à l'ordre du jour la *loi de Say* selon laquelle « l'offre crée sa propre demande ». Plutôt que la stimulation de la demande de biens et de services, comme le préconisent les Keynésiens, il s'agit de soutenir la production en réduisant la pression fiscale* qui ampute les revenus et dissuade de travailler et d'entreprendre. Pour ce faire, le marché du travail doit fonctionner sans entraves.

e) L'École des choix publics

L'École du *Public Choice** de J. Buchanan [1919] et G. Tullock [1922] adapte les outils conceptuels néoclassiques à la gestion des affaires publiques ; prise de décision des hommes politiques

– offreurs de biens collectifs, davantage mus par leurs intérêts individuels (celui d'être élus ou réélus) que par l'intérêt général –, rôle des lobbies, bureaucratie et hausse des coûts de production.

Seuls le recours au privé ou la mise en concurrence des services publics permettraient de chiffrer correctement les coûts de production de ces services. Et la limitation des dépenses, des déficits et de la dette publics permettraient de réduire les coûts (voir *Chapitres 13 et 14*).

■ *L'École autrichienne*

À la suite de C. Menger, l'École autrichienne (avec à sa tête L. von Mises [1851-1926] et F. Hayek [1899-1992]) se distingue de l'École néoclassique en rejetant l'application des méthodes des sciences naturelles à l'économie et en s'intéressant à l'action humaine et aux relations causales entre les événements (et non aux équilibres).

5 L'École keynésienne

■ *Les travaux fondateurs de J.-M. Keynes*

La crise de 1929 met à mal le principe du caractère autorégulateur des marchés défendu par la théorie néoclassique. Tout en restant dans le cadre de l'économie de marché, J.-M. Keynes [1883-1946] va montrer la possibilité de ***déséquilibres durables*** dans l'économie, notamment « l'équilibre de sous-emploi » dans la mesure où l'on ne peut ni compter sur l'optimisation des comportements individuels (voir les trois lois psychologiques fondamentales de J.-M. Keynes et la réfutation de la main invisible), ni sur l'ajustement des prix (le chômage ne se résorbera pas par la baisse des salaires qui provoquerait, au contraire, une baisse du pouvoir d'achat des agents et entraînerait la chute de la demande de biens et services faite aux entreprises).

Trois *lois psychologiques* sous-tendent la théorie keynésienne :

- la consommation augmente moins proportionnellement que la hausse du revenu compte tenu de la propension marginale des ménages à épargner (voir *Chapitre 4*) ;
- les agents ont une préférence pour la monnaie plutôt que pour les titres financiers à moins que le taux de rémunération des placements soit suffisamment important ; le taux d'intérêt est donc le taux de la renonciation à la liquidité et non la variable d'ajustement rendant l'épargne et l'investissement égaux (voir *Chapitre 7*) ;
- les comportements d'investissement sont guidés par l'efficacité marginale du capital : les agents investissent jusqu'à ce que le rendement de l'investissement supplémentaire égalise son coût (voir *Chapitre 8*).

En fait, seul un ***soutien de la demande effective*** (anticipation de la consommation finale, de l'investissement et des dépenses publiques par les entrepreneurs) puis la poursuite du cercle vertueux par un effet multiplicateur permet d'atteindre le plein-emploi des facteurs de production (voir *Chapitres 4 et 12*). L'État doit donc intervenir dans l'économie pour stimuler la demande effective* de biens et services et ainsi inciter les entrepreneurs à produire, donc à embaucher.

■ *Les Keynésiens*

Si les travaux de J.-M. Keynes ont constitué une véritable révolution, leurs ***prolongements théoriques*** n'en sont pas moins importants. Les quatre courants qui revendiquent l'héritage de Keynes sont le *keynésianisme* (J. Hicks [1904-1989], A. Hansen [1887-1975] et P. Samuelson [1915-] ont modélisé la pensée keynésienne avec le modèle IS-LM), la *Nouvelle Économie Keynésienne** (qui regroupe, depuis les années 1980, les économistes qui cherchent à poser les bases micro-économiques de la macro-économie en introduisant les problèmes d'incertitude* et d'assurance*, tels que G. Akerlof [1940] avec sa *théorie des contrats implicites* et J. Stiglitz [1943] avec sa *théorie du salaire d'efficience*), la *pensée néokeynésienne* qui pose que seules les quantités peuvent permettre un retour à l'équilibre pourvu qu'elles soient stimulées alors que les prix et les salaires sont rigides (c'est la *théorie du déséquilibre* d'E. Malinvaud [1923]) et la *théorie post-keynésienne* (avec N. Kaldor [1908-1986], M. Kalecki [1899-1970] et J. Robinson [1903-1983]).

L'***École de la Régulation***, fondée en France par R. Boyer [1943] et M. Aglietta [1938], propose une analyse historique et sociale des modes de régulation* et des types de croissance, en soulignant le rôle des institutions.

6 L'hétérodoxie économique

Il n'existe pas de courant hétérodoxe à proprement parler, mais des économistes en marge des courants dominants présentés ci-dessus.

C'est le cas de l'***institutionnalisme***, qui met l'accent sur le rôle des institutions dans l'évolution de l'activité économique et de l'***École socio-économique française,*** qui analyse les structures et l'importance du pouvoir (J.-A. Schumpeter [1883-1950], F. Perroux [1903-1987], A. Sauvy [1898-1990]) et dont s'inspire l'***École des conventions*** (A. Orlean [1950], O. Favereau [1945]).

Les acteurs de l'économie

CHAPITRE
3

Micro- et macro-économistes n'abordent pas le fait économique de la même manière : étude des individus ou des secteurs institutionnels, analyse de la prise de décision ou des résultats de ces choix…

1 Analyse micro-économique versus analyse macro-économique

■ *L'individu est au cœur de l'analyse micro-économique*

Les micro-économistes partent du postulat que seul l'individu a une conscience, exprime des besoins, agit. Le référentiel de l'analyse micro-économique est donc l'individu (c'est l'« individualisme méthodologique »), dont on cherche à étudier le comportement en reconnaissant :

- ***l'intentionnalité de l'action*** : l'individu agit pour obtenir une chose ou réaliser des objectifs, jugeant que les fins préalablement établies valent plus que les moyens mis en œuvre pour les atteindre ;
- ***la rationalité**** : chacun est supposé adopter un comportement cohérent vis-à-vis de ses propres choix.

La coordination des plans individuels se réalisera ensuite ***sur le marché*** où s'exprimeront des offres et des demandes agrégées et où s'établira un prix.

Un ***marché de CPP*** satisfait 5 conditions : l'atomicité des agents (infinité d'offreurs et de demandeurs de sorte que le prix ne peut être fixé par l'un d'entre eux pris isolément), l'homogénéité du produit, la libre entrée et la libre sortie du marché (absence de barrières réglementaires, tarifaires, financières), l'information parfaite et complète des agents donnée par le prix, la mobilité des facteurs de production.

Plusieurs structures de marché existent en fonction du nombre d'offreurs et de demandeurs d'un bien ou service.

	Un offreur	Quelques offreurs	Nombreux offreurs
Un demandeur	Monopole bilatéral		monopsone
Nombreux demandeurs	monopole	Oligopole	concurrence

■ *La Macro-économie, étude des grandeurs économiques globales*

La macro-économie étudie les ***phénomènes économiques globaux*** en s'intéressant aux résultats de l'ensemble des opérations des secteurs institutionnels*, traduits dans des agrégats réels et financiers, reliés afin d'obtenir une image quantitative de la situation d'un pays. Ils additionnent l'ensemble des flux individuels.

Le PIB, le PNB, le revenu national, mais également l'emploi, l'épargne, l'investissement, la consommation… sont autant de grandeurs économiques globales, ou ***agrégats***, qui résument les résultats de l'activité économique nationale.

Ce faisant, le macro-économiste utilise une méthode d'analyse appelée le « holisme », qui suppose de déterminer les rapports entre les variables au niveau de l'ensemble de l'économie et d'accorder une autonomie à la réalité étudiée par rapport aux individus qui composent cette globalité.

■ *L'analyse intermédiaire entre la macro- et la micro-économie : la méso-économie*

La méso-économie s'intéresse aux liens existant entre des variables globales dans un cadre plus restreint d'un point de vue géographique (politiques menées par les conseils régionaux ou généraux en France, par exemple) ou sectoriel (secteur d'activité, branche ou filière). Il s'agit d'analyser le comportement des groupes détenant suffisamment de pouvoir pour peser sur une économie nationale (firmes multinationales, par exemple).

Un ***secteur d'activité*** regroupe toutes les entreprises exerçant la même activité principale (le secteur automobile produit principalement des voitures, bien qu'il puisse également fabriquer des cycles, des poids lourds…). C. Clark [1905-1989], puis J. Fourastié [1907-1990] regroupent ces secteurs en 3 selon la nature de l'activité : primaire (collecte et exploitation directe des ressources naturelles – matériaux, énergie, certains aliments –), secondaire (industries de transformation) et tertiaire (commerce et service – immatériel, service à la personne, sécurité…). Le secteur tertiaire a contribué pour un peu plus de 77 % à la formation de la valeur ajoutée en 2008, contre 14,2 % pour l'industrie (y compris les industries agro-alimentaires), 6,5 % pour la construction et 2,2 % pour l'agriculture, la sylviculture et la pêche.

Une ***branche*** regroupe les unités de travail homogènes, caractéristiques d'un seul produit (la branche « voiture », la branche « camion », la branche « tracteur »).

Une ***filière*** est l'ensemble des activités qui élaborent des produits finis à partir d'une certaine matière première (la « filière bois » réunit les bûcherons, les scieries, les menuiseries, les magasins de meubles).

2 Agents, fonctions et opérations macro-économiques

■ *Les « secteurs institutionnels » et leurs fonctions économiques*

Chaque individu composant la société est un « agent économique ». Toutefois, le macro-économiste et la comptabilité nationale regroupent ces millions de décideurs en seulement quelques catégories d'acteurs ayant des fonctions économiques homogènes (leur activité économique principale) et selon leurs ressources principales. Ce sont ***les « secteurs institutionnels »***.

La ***comptabilité nationale*** est une représentation simplifiée et chiffrée de toutes les opérations économiques réalisées pendant une année à l'intérieur d'une économie ou entre celle-ci et le reste du monde.

F. Quesnay [1694-1774], avec son *Tableau économique* serait à l'origine de la représentation de l'économie ***sous forme de circuit***. En 1976, le système élargi de comptabilité nationale fut adopté, suivi de la norme commune à tous les pays de l'Union européenne (1995).

a) Les ménages

On appelle « ménage » tout individu ou groupe d'individus vivant sous un même toit et constituant ainsi un « centre de décision économique ».

Les ménages fournissent des facteurs de production (temps de travail, équipements ou capitaux) aux autres agents économiques et utilisent les revenus de ces facteurs pour ***la consommation*** de biens et services et pour l'épargne.

b) Les entreprises non financières

Les sociétés non financières sont toutes les organisations (sociétés privées, entreprises publiques, associations à but non lucratif) qui fournissent des services aux sociétés privées et qui sont financées par elles. Leur activité principale consiste à ***produire ou distribuer des biens et services marchands non financiers*** en utilisant des consommations intermédiaires (biens et services produits par d'autres entreprises et qui sont détruits dans le processus de production qui les utilise), des matières premières et des facteurs de production (machines, travail, outils, bâtiments).

Leur ressource principale est constituée par les recettes issues de la vente des biens et services employées au versement des salaires, au paiement de l'impôt, à l'excédent brut d'exploitation (EBE, c'est-à-dire le profit et l'autofinancement).

Une entreprise ne contribue à la production nationale que si elle crée une ***valeur ajoutée*** (valeur des produits finis vendus ou stockés pendant l'année par rapport aux consommations intermédiaires).

$$VA = \text{chiffre d'affaires} - CI$$

Le ***Produit Intérieur Brut (PIB)*** est la valeur totale des biens et services produits dans un pays donné au cours d'une année donnée. Il mesure donc l'activité économique et est égal aux trois grandeurs suivantes :

- la production annuelle finale des résidents en termes de flux (optique de production) ou $PIB = \sum VA + \text{impôts sur les produits} - \text{subventions}$;
- le revenu total de l'ensemble des agents économiques (optique de revenu), donc $PIB = \sum VA$ répartie parmi les agents économiques ;
- la dépense totale consacrée à l'acquisition des biens et services produits par cette économie (optique de dépenses), soit $PIB = C + I + G + (X - M)$.

c) Les entreprises financières

Les sociétés financières (banque centrale, banques commerciales et autres établissements de crédit, caisses d'épargne, sociétés d'assurance…) ont pour fonction principale ***la fourniture de services d'intermédiation financière et d'assurance*** (émission, collecte, circulation et échange des différents instruments de paiement*, de placement* et de financement*).

Leurs ressources principales proviennent des engagements financiers contractés, des primes contractuelles et des cotisations sociales volontaires.

d) Les administrations publiques

Les administrations publiques (l'État, les collectivités locales et les administrations de Sécurité sociale) ont pour fonction principale ***la production de services collectifs non marchands**** ou ***la***

redistribution du revenu et des richesses nationales. Elles sont financées principalement par les prélèvements obligatoires* (impôts, taxes et cotisations sociales) effectués sur les autres secteurs.

e) Les institutions sans but lucratif au service des ménages

Elles regroupent les associations privées, les églises, les partis politiques et les syndicats et sont essentiellement financées par des contributions volontaires des ménages ou les versements provenant des APU.

f) Le reste du monde

L'agent fictif « reste du monde » regroupe les ménages, les entreprises, les administrations et les institutions financières ***non-résidents*** qui effectuent des opérations avec les résidents.

Un agent est considéré comme ***résident*** d'une économie s'il exerce une activité sur le territoire économique national (métropole + DOM + ambassades de France à l'étranger – zones internationales des aéroports français – ambassades étrangères en France) pendant au moins 6 mois.

■ *Les opérations macro-économiques*

Les secteurs institutionnels réalisent trois grands types d'opérations.

a) Les opérations sur les biens et services

Les opérations sur les biens et services portent sur des flux réels qui donnent ensuite lieu à un transfert monétaire. Elles décrivent ***l'origine des biens et services disponibles sur le marché national*** (la production nationale (PIB), notée Y, et les importations, M) et les utilisations qui en sont faites : la consommation finale (C) et les consommations intermédiaires (l'ensemble des biens et services destinés à être transformés dans le processus productif), l'investissement (noté I, l'investissement regroupe l'acquisition de biens durables comme facteurs de production ou FBCF et la variation de stocks), les dépenses publiques (G), et les exportations (X).

La ***mesure statistique de la production***, c'est-à-dire l'ensemble des biens et services produits dans une économie (vendus sur un marché – biens et services marchands* dont le prix couvre le coût de production et permet une marge commerciale – ou non marchands – biens et services gratuits ou quasi-gratuits), comptabilise uniquement les activités ayant une valeur monétaire directement mesurable ou du moins estimable.

En sont exclus le bénévolat, le travail domestique, l'économie souterraine (travail clandestin, trafics, prostitution) et les externalités* (positives ou négatives).

L'équilibre comptable correspond à ***l'égalité des ressources et des emplois*** dans l'économie durant une année, soit : PIB + M = C + I + G + X.

Le PIB français et ses composants (2008)

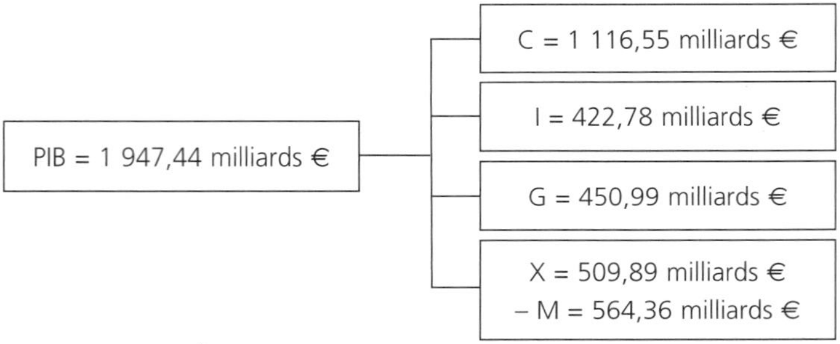

b) Les opérations de répartition

Les opérations de répartition décrivent ***la formation des revenus*** des personnes morales ou physiques et leur circulation sous forme de :

- « transferts courants avec contrepartie » : rémunérations des salariés, revenus de la propriété (intérêts, dividendes, revenus des terrains, des immeubles, des équipements, des brevets et licences…), transferts sociaux, impôts sur la production et sur les importations, subventions d'exploitation ;
- « transferts sans contrepartie » : impôts courants sur le revenu et le patrimoine, prestations sociales*, transferts privés internationaux… ;
- « transferts en capital » : aides à l'investissement, prélèvements sur les successions/dons/legs…

c) Les opérations financières

Les opérations financières sont relatives à ***la création et à la circulation des différents actifs financiers**** : les moyens de paiement (numéraire et comptes courants), les instruments de placement et de financement directs (obligations, actions…), les instruments de crédit ou de financement indirect (prêts bancaires, crédits fournisseurs, effets de commerce).

Chaque instrument financier se distingue par :
- sa ***liquidité*** (faculté à être rapidement transformé en moyen de paiement directement utilisable pour les règlements) ;
- son ***échéance*** (date à laquelle l'emprunt doit être remboursé) ;
- sa ***négociabilité*** (faculté à être cédé à un autre agent économique avant l'échéance).

■ *Le circuit d'ensemble d'une économie nationale*

L'activité économique est le résultat d'innombrables opérations effectuées par une multitude d'agents et résumées dans le « ***circuit économique*** ». En économie fermée, on considère 4 secteurs institutionnels (les ménages, les entreprises, les institutions financières et les APU) et les flux d'échange réels et monétaires les liant.

Représentation simplifiée du circuit économique en économie fermée

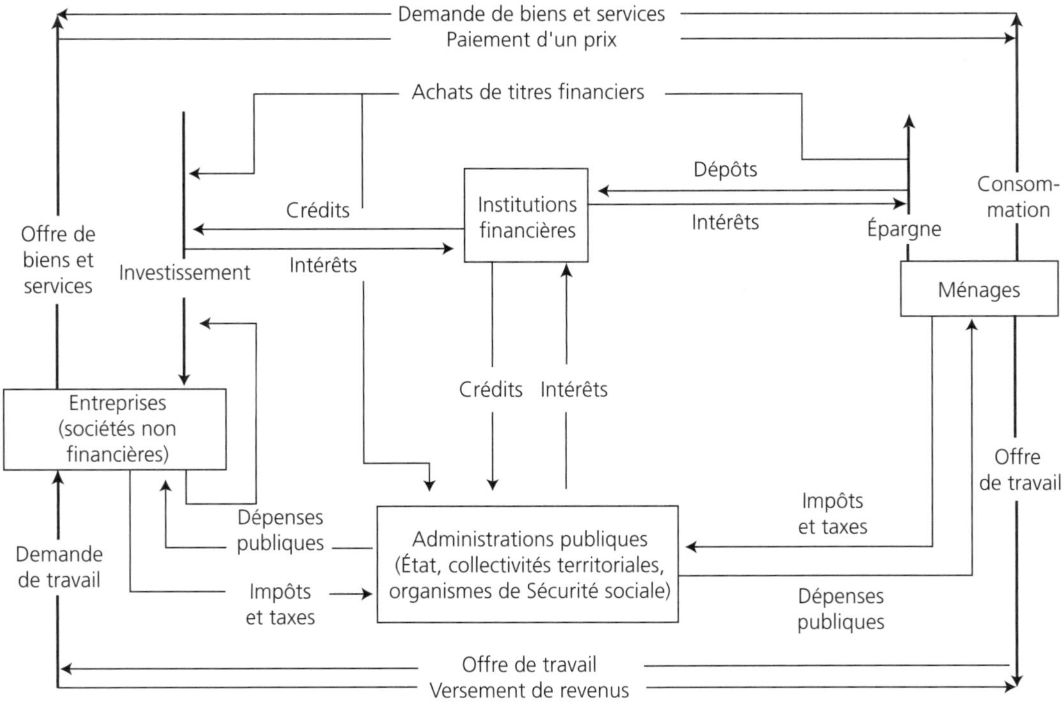

L'***ouverture de l'économie*** nécessite d'introduire les relations commerciales (exportations et importations de biens et services), industrielles (déplacement des facteurs de production entre les pays) et financières (achats et ventes de titres financiers) internationales dans le circuit.

PARTIE 2

Travail, emploi et chômage

Quelles sont les causes du chômage ?

CHAPITRE
4

Les auteurs libéraux attribuent le chômage au fait que le marché du travail n'obéit plus à la loi de l'offre et de la demande du fait de blocages dans le mécanisme des prix, alors que les Keynésiens pensent qu'il est dû à une insuffisance de la demande globale de biens et services anticipée.

1 Le chômage est causé par les rigidités caractérisant le marché du travail

■ *La représentation néoclassique du marché du travail*

Pour les Néoclassiques, le travail est un bien/service comme un autre, qui s'échange sur un marché contre un prix. Il existe donc bien ***un marché du travail***, c'est-à-dire un lieu de rencontre entre :

- des offreurs de travail (les individus constituant la population active*) ;
- des demandeurs de travail (les entreprises et les administrations).

a) Les choix individuels d'offre et de demande de travail

Dans le modèle de base, chaque individu répartit son temps disponible entre le ***loisir*** (le temps qui n'est pas consacré au travail rémunéré : travail domestique, sommeil, activités de détente, relations familiales ou sociales) et le ***travail rémunéré***. Il est donc amené à faire un arbitrage entre le revenu qu'il peut obtenir en travaillant et le loisir. Le taux de salaire horaire constituant alors le coût d'opportunité du loisir, la quantité de travail offerte est une fonction croissante de la rémunération du travail (plus le salaire proposé est élevé, plus l'individu souhaitera travailler et moins se reposer).

Le *coût d'opportunité* d'une chose ou d'une activité est la valeur maximale de ce à quoi l'on renonce pour acquérir cette chose ou accomplir cette activité.

Chaque entreprise ***arbitre entre des facteurs de production*** en comparant leur productivité et leur coût réel. La condition de profit suppose que si le salaire réel payé pour une heure de travail dépasse ce que cette même heure rapporte, l'entreprise perd de l'argent ; la quantité de travail demandée est donc bien une fonction décroissante du salaire réel, d'autant qu'à long terme l'entreprise peut substituer d'autres facteurs de production (des machines, par exemple) au travail.

La *productivité du travail* se calcule comme le rapport entre la valeur ajoutée* et la quantité de travail nécessaire (effectifs employés ou nombre total d'heures travaillées).

b) Le marché du travail

Le modèle néoclassique de base (développé par L. Robbins [1930]) suppose que le marché du travail est un marché de Concurrence pure et parfaite (CPP) sur lequel s'expriment une offre globale et une demande globale de travail.

Les conditions de la *concurrence pure et parfaite* :
- atomicité (les offreurs et les demandeurs sont nombreux au point que nul ne peut, seul, influencer le salaire) ;
- homogénéité du travail (les travailleurs sont parfaitement substituables, les entreprises également) ;
- transparence (l'information est parfaite et complète sur le marché du travail) ;
- libre-entrée et libre-sortie du marché (aucune entrave n'existe) ;
- parfaite mobilité (les travailleurs optent sans cesse pour les emplois les plus rémunérateurs et les entreprises pour les travailleurs les plus productifs).

La courbe d'***offre globale de travail*** traduit les quantités de travail offertes par l'ensemble des individus pour chaque niveau de salaire. Lorsque le prix du travail s'accroît, la population active* augmente puisque les actifs potentiels sont incités à renoncer à l'oisiveté et ceux qui travaillent déjà cherchent à faire plus d'heures (déplacement le long de la courbe d'offre de travail vers le haut).

La courbe de ***demande globale de travail*** traduit les quantités de travail demandées par l'ensemble des entreprises pour chaque niveau de salaire. Plus les salaires sont élevés, moins nombreuses seront les entreprises capables de recruter ou souhaitant le faire (déplacement le long de la courbe de demande de travail vers le haut).

Représentation du marché du travail en CPP

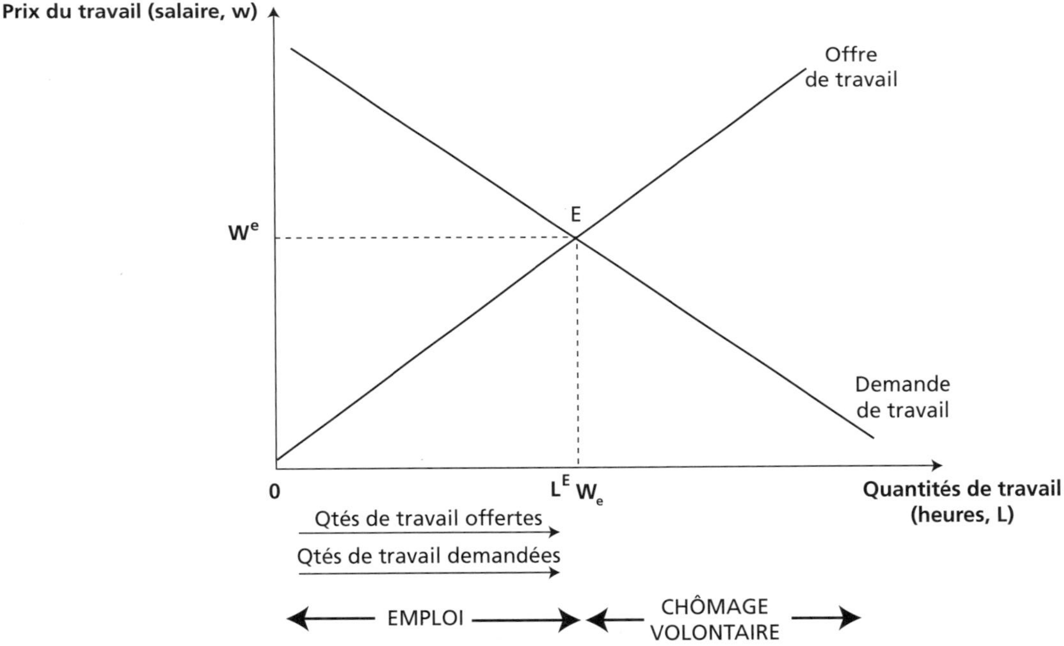

De la confrontation marchande de l'offre globale et de la demande globale de travail naît ***un équilibre*** (le point E) auquel correspondent un salaire d'équilibre (w_e) et une quantité de travail d'équilibre ($0\text{-}L^E_{we}$). Il ne signifie pas que tous les individus vont travailler ni que toutes les entreprises vont embaucher, mais que tous les individus qui acceptent de travailler pour w_e (c'est-à-dire ceux dont le salaire de réservation est inférieur ou égal à w_e, situés sur le segment [0,E]) trouveront en face d'eux des entreprises qui acceptent de les embaucher à w_e (c'est-à-dire celles dont le salaire de réservation est égal ou supérieur à w_e, situées sur le segment [①,E]).

> Le ***salaire de réservation*** (w_r) d'un individu (offreur de travail) est le salaire minimum auquel il accepte de travailler. Le salaire de réservation (w_r) d'une entreprise (demandeur de travail) est le salaire maximum auquel elle accepte d'embaucher.

Dans ce cas, l'offre de travail est égale à la demande de travail ($0\text{-}L^E_{We}$) et le point E correspond à un équilibre de plein-emploi.

c) Les ajustements sur le marché du travail

Le chômage involontaire apparaît lorsqu'il y a un excès d'offre de travail par rapport à la demande ; cela se produit quand, pour une raison ou une autre, le salaire du marché, w*, est supérieur au salaire d'équilibre, w^e.

Les ajustements sur le marché du travail en CPP

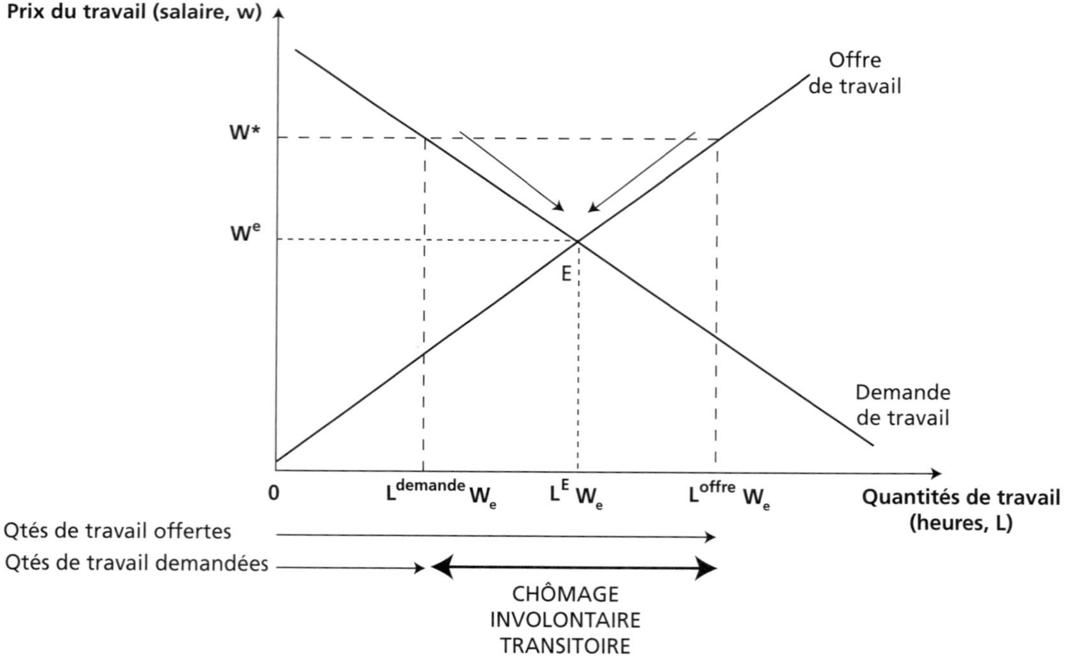

Pour les Néoclassiques, ce désajustement va se résorber de lui-même par le ***mécanisme des prix*** et notamment la baisse des salaires, car certains offreurs de travail (ceux situés entre ③ et E), en concurrence pour occuper les emplois disponibles, acceptent de travailler pour moins que w*. Parallèlement, pour un coût du travail plus faible, certaines entreprises qui n'embauchaient pas jusque-là (celles situées sur le segment [②,E]) demandent du travail ; l'ajustement se poursuit jusqu'au retour à l'équilibre entre l'offre et la demande de travail.

Finalement, dans cette configuration, le chômage ne peut être que ***volontaire*** (constitué des individus qui, à w^e, préfèrent ne pas travailler ; ils deviennent donc inactifs*) ou ***involontaire mais transitoire*** (c'est le « chômage frictionnel », composé des salariés désireux de changer d'emploi et/ou en cherchant un autre).

■ *Le chômage involontaire durable expliqué par les imperfections du marché du travail*

L'apparition d'un chômage de masse durable dès le milieu des années 1970 a obligé les Néoclassiques à ajuster leur modèle et amené les Nouveaux économistes keynésiens* (NEK) à l'étendre.

a) Les blocages réglementaires et institutionnels des ajustements sur le marché du travail

Un chômage involontaire durable dans le modèle néoclassique (dit *chômage classique*) ne peut s'expliquer que par ***l'existence d'institutions ou de réglementations qui empêchent la libre négociation des salaires*** et donc le retour à l'équilibre. Ainsi, la législation sur le salaire minimum et le renchérissement du coût du travail non qualifié, l'interdiction ou la réglementation des licenciements, les contrats à durée indéterminée et le droit du travail… sont autant de causes au chômage.

Les salaires étant rigides à la baisse, les entreprises privilégient les ***ajustements par les quantités*** pour s'adapter au ralentissement de l'activité économique ; la quantité de travail échangée alors correspond à celle demandée par les entreprises et le marché reste durablement à un point dit ***de déséquilibre*** (point ②) où l'offre de travail est supérieure à la demande.

Les (non)-ajustements sur le marché du travail
en cas de blocage du mécanisme des prix (exemple du salaire minimum, W_{min})

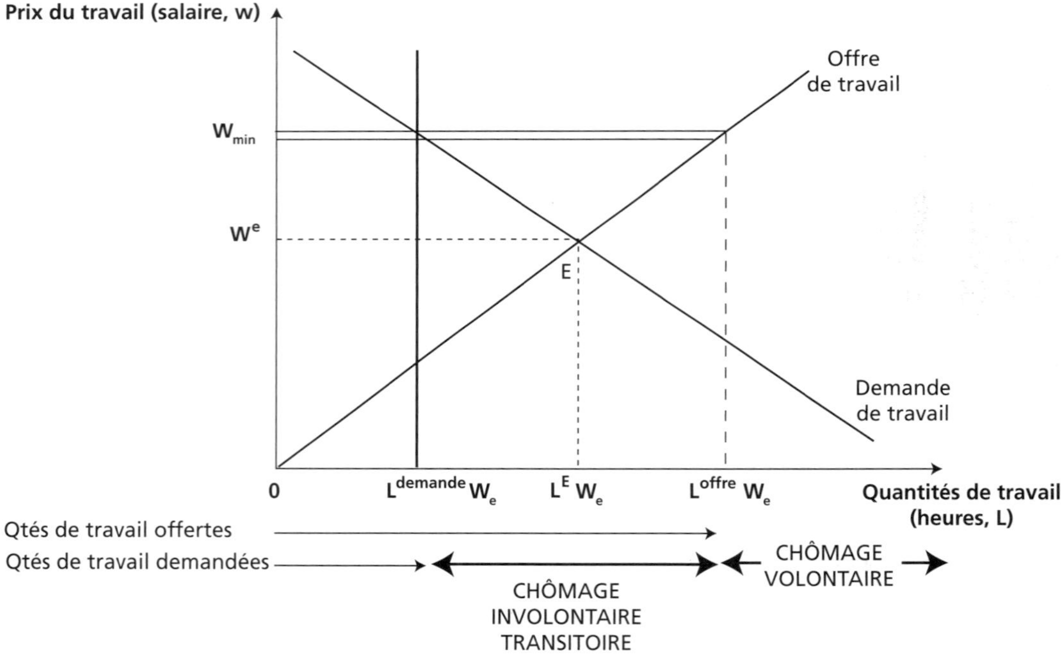

Les économistes d'inspiration libérale préconisent donc ***la déréglementation du marché du travail*** et la réforme des dispositifs d'indemnisation du chômage accusés d'entretenir l'oisiveté.

b) La rigidification non réglementaire des salaires

Les Nouveaux économistes keynésiens* (NEK) vont s'attacher à montrer que le marché du travail fonctionne « hors équilibre », mais pas forcément à cause de l'intervention extérieure de l'État.

Premièrement, la rigidité des salaires peut être causée par la ***politique de gestion interne du personnel*** mise en place par les entreprises elles-mêmes :

– les travailleurs sont souvent disposés à accepter un salaire plus faible si, en contrepartie, il reste stable quelle que soit la conjoncture (*théorie des contrats implicites,* de C. Azariadis [1975]) ;

– les entreprises peuvent renoncer à pratiquer des baisses de salaire si elles estiment qu'elles démotiveraient les travailleurs et provoqueraient un recul de la productivité. Elles peuvent même leur proposer des salaires supérieurs au salaire d'équilibre pour permettre la sélection des meilleurs candidats, l'incitation au travail des employés et leur fidélisation (*théorie du salaire d'efficience* de H. Leibenstein [1966]) ;
– les employeurs évitent de remettre en cause les contrats de travail de leurs salariés expérimentés, et ce même en période de récession, afin de ne pas provoquer leurs départs de l'entreprise puisqu'elle perdrait alors ses investissements passés dans leur capital humain (*théorie du capital humain* de G. Becker [1974]).

D'autre part, les ***relations de pouvoirs*** sont aujourd'hui au cœur de la négociation salariale et peuvent, à ce titre, être accusées d'être responsables du chômage persistant de certaines catégories d'individus :

– les syndicats de travailleurs cherchent à obtenir des salaires au-dessus du salaire d'équilibre et à rigidifier à la baisse les rémunérations de manière à protéger ceux déjà en poste (*pouvoir de monopole*) ;
– les *insiders* (les individus déjà employés) cherchent à stabiliser leurs relations avec leur employeur quitte à retarder l'embauche des *outsiders* (les personnes extérieures à la firme à la recherche d'un emploi) ;
– le marché du travail est en réalité cloisonné ; le chômage peut apparaître sur certains segments et le plein-emploi sur d'autres (*théorie de la segmentation* de M. Piore et P. Doeringer [1971]).

Le ***cloisonnement*** du marché du travail :

– entre le ***marché primaire*** (main-d'œuvre qualifiée, bien rémunérée, bien défendue par les syndicats, emplois stables, conditions de travail correctes, opportunités de promotion importantes, avantages sociaux élevés) et le ***marché secondaire*** (salaires faibles, conditions d'emploi précaires, taux de rotation de la main-d'œuvre élevé, perspectives de carrières limitées) ;
– entre le ***marché interne*** (qui fonctionne selon un ensemble de règles et de procédures administratives protégeant ses membres de la concurrence) et le ***marché externe*** (sur lequel le principe de concurrence l'emporte).

2 Organisation capitaliste et chômage

Pour les économistes marxistes, la production de la force de travail et sa reproduction s'effectuent dans des conditions qui la distinguent de toute autre « marchandise », puisque :

- les prolétaires ne se présentent pas de leur plein gré sur le marché, mais sont contraints de vendre leur force de travail contre un salaire de subsistance nécessaire à son entretien et à sa reproduction (c'est la « valeur d'échange » du travail) ;
- l'utilisation de la force de travail par les capitalistes est créatrice de valeur (« valeur d'usage » du travail).

La valeur d'usage du travail étant nettement supérieure à sa valeur d'échange, une ***plus-value*** est possible. Elle sera captée par les capitalistes qui chercheront à l'accroître dans le cadre de l'organisation du travail (en élevant la durée du travail, l'intensité du travail ou encore la productivité du travail) et en créant un phénomène de rareté. Et l'***augmentation de l'armée industrielle de réserve**** (chômeurs) leur laisse d'autant plus de latitude dans la fixation des rémunérations.

3 L'explication du chômage par l'insuffisance de la demande effective de biens et services

Selon les Keynésiens, et contrairement à la vision néoclassique, il n'existe pas de marché du travail, mais plutôt un ***marché de l'emploi*** sur lequel l'employeur se trouve dans la position de force de l'offreur.

D'autre part, ce marché est un « pseudo-marché », dans la mesure où ***le salaire est davantage un revenu*** pour celui qui le reçoit qu'un prix pour celui qui le paie. En fait, le prix du travail est d'importance secondaire, car s'il n'y a pas de postes à combler, il n'y aura pas d'embauche, quelle que soit la valeur du salaire.

Enfin, ils formulent une analyse en termes de circuit économique global au sein duquel le marché de l'emploi est ***lié à celui des biens et services***. En effet, les entreprises étant contraintes sur leurs débouchés à la production, elles ne se mettent à produire que si elles anticipent une forte demande de biens et services.

> La ***demande effective*** est la demande prévue par les chefs d'entreprises lorsqu'ils décident de produire, d'investir et éventuellement d'embaucher.

Le circuit économique keynésien

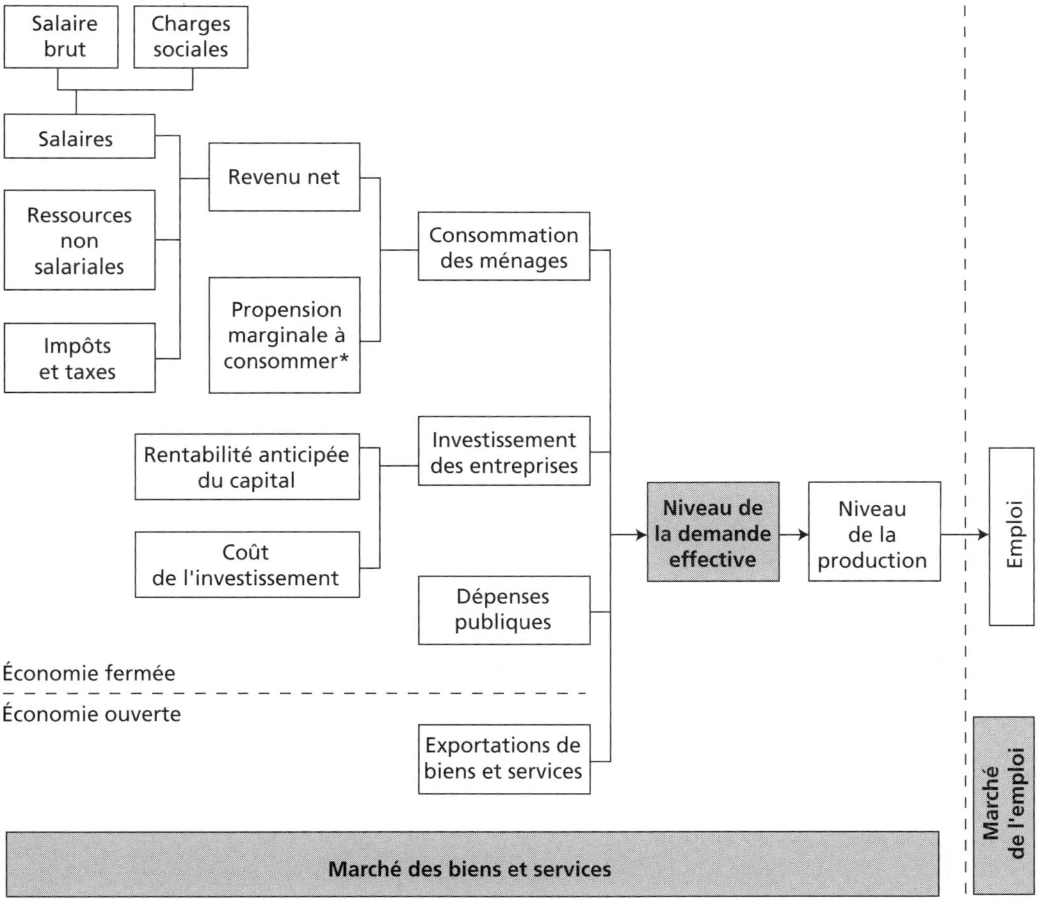

Le chômage prenant ses sources dans l'insuffisance de la demande effective* de biens et services, les économistes d'inspiration keynésienne préconisent donc d'accroître les capacités de dépenses des agents économiques, notamment ceux dont la propension marginale à consommer* est la plus forte.

La ***propension marginale à consommer*** renvoie à la part du supplément de revenu des ménages qu'ils consomment plutôt que de la consacrer à l'épargne.

4 Modification de l'organisation du travail et chômage

Les économistes de l'*École de la régulation** analysent le chômage contemporain comme résultant de ***la remise en cause du rapport salarial commandé par le modèle de production fordiste***, c'est-à-dire des relations très hiérarchisées entre les concepteurs et les exécutants d'une production standardisée.

Le ***fordisme*** est un mode d'organisation du travail reposant sur :
- la division du travail : verticale (séparation entre la conception et la réalisation) et horizontale (parcellisation des tâches) ;
- la standardisation des produits et la production de grandes séries ;
- l'augmentation du pouvoir d'achat des ouvriers pour stimuler la demande de biens de consommation afin d'accroître la productivité et la production de l'entreprise.

La contestation d'une stricte division du travail et le ralentissement des gains de productivité, d'une part, et la saturation de la demande et l'exigence de produits et services différenciés, d'autre part, commandent l'adoption de ***nouvelles formes d'organisation du travail*** permettant aux entreprises de s'adapter aux changements de leur environnement et aux transformations des marchés quitte à provoquer le chômage et la précarité :

- la ***polyvalence des ouvriers et le système du juste-à-temps*** de manière à atteindre l'organisation optimale reposant sur le principe des cinq zéros : 0 stock, 0 papier, 0 délai, 0 défaut, 0 panne (le « Toyotisme ») ;
- la ***flexibilité du travail*** pour utiliser au mieux la quantité de facteurs de production dont les entreprises ont besoin.

La ***flexibilité du travail*** peut prendre plusieurs formes :
- la flexibilité quantitative : externe (utilisation des CDD, travail temporaire, stagiaires) ou interne (recours aux heures supplémentaires, aménagement du temps de travail) ;
- la flexibilité qualitative (mobilité géographique ou professionnelle des salariés, polyvalence) ;
- la flexibilité salariale ;
- la sous-traitance.

Le « portrait social » de la France

CHAPITRE **5**

La décomposition de la population suivant l'activité de chacun suppose de distinguer ceux qui sont sur le marché du travail (en activité ou à la recherche d'un emploi) et les inactifs… sachant que les frontières entre les trois catégories ne sont pas toujours aisées à établir.

27,843 millions de personnes (dont 47,1 % de femmes et 52,9 % d'hommes) se sont présentées sur le marché du travail en 2007 ; elles constituent la « ***population active*** » par opposition aux ***inactifs*** (environ 35 millions de Français), c'est-à-dire l'ensemble des personnes exerçant une activité rémunérée (les salariés, y compris les membres du contingent, les non-salariés et les membres du clergé) et ceux cherchant à exercer une activité rémunérée (les chômeurs).

Dans la ***notion d'activité***, le travail pris en compte est celui qui donne lieu à la création de biens économiques (ceux dont la valeur est mesurée par un prix ou un coût). Le travail domestique n'est pas considéré. Au contraire, un chômeur est un actif puisque c'est un individu privé d'une activité alors qu'il aurait dû en avoir une.

1 La population active occupée

La Population active occupée (PAO) au sens du Bureau international du travail (BIT) regroupe l'ensemble des personnes âgées de 15 ans et plus ayant travaillé au cours de la semaine de référence de l'enquête, qu'elles soient salariées ou à leur compte, employeurs ou aides dans l'entreprise ou l'exploitation familiale, y compris les apprentis et les stagiaires rémunérés. Elle comprend aussi les personnes pourvues d'un emploi mais qui en sont temporairement absentes pour raison de maladie, de congés payés, de congés de maternité, de conflit du travail, de formation, d'intempéries…).

La PAO représente 25,628 millions de personnes en 2007 (13,6 millions d'hommes et 12 millions de femmes).

Le *Bureau international du travail (BIT)* est le secrétariat permanent de l'Organisation internationale du travail (OIT), institution spécialisée de l'ONU chargée de promouvoir les droits des travailleurs, d'améliorer leurs conditions de travail et de lutter contre le chômage.

■ *Le taux d'activité et le taux d'emploi*

Le ***taux d'activité*** est le rapport entre le nombre d'actifs (actifs occupés et chômeurs) et la population totale correspondante. Parmi les personnes âgées de 15 à 64 ans et vivant en France métropolitaine, le taux d'activité est de 69,9 % en 2007 (+ 0,2 % par rapport à 2006), tiré par celui des jeunes de moins de 25 ans et, dans une moindre mesure, par le taux d'activité des 25-49 ans. Le taux d'activité des femmes atteint 65,3 %, alors que celui des hommes est égal à 74,6 %.

Le ***taux d'emploi*** désigne la proportion de personnes disposant d'un emploi parmi celles en âge de travailler (15 à 64 ans) ; en France, le taux d'emploi est égal à 64,3 % en 2007 (inférieur à la moyenne européenne à 15, établie à 64,7 %).

■ *Les caractéristiques de la PAO*

L'évolution de la PAO laisse apparaître des ***tendances structurelles***, notamment depuis la fin de la Seconde Guerre mondiale : l'essor du salariat (les indépendants ne représentent plus que 10,8 % des actifs occupés), la tertiarisation de la main-d'œuvre (le secteur des services fournit aujourd'hui plus de 70 % des emplois) et la féminisation (la PAO est constituée de femmes à 45,6 %). Hommes et femmes n'occupent pas le même type d'emplois, puisque près de 1 femme sur 2 est employée (contre 12,8 % des hommes), 8,4 % sont ouvrières (35,4 % des hommes), 25 % occupent une profession intermédiaire (22,3 % des hommes) et 12,5 % sont cadres ou profession intellectuelle supérieure (18,3 % des hommes).

On note également la montée des ***emplois précaires*** ou « formes particulières d'emploi » (c'est-à-dire les statuts d'emplois qui ne sont pas à durée indéterminée à temps plein : temps partiel, intérim, CDD, apprentissage – respectivement 2,1 % 8,5 % et 1,4 % de l'emploi salarié total en 2007). Enfin, 17 % des personnes en activité travaillent à temps partiel (82 % sont des femmes), dont une partie (environ 1,4 million de personnes, à 3/4 des femmes) travaille moins qu'elle le souhaite ; c'est le « ***sous-emploi*** » (temps partiel subi, réduction d'activité en raison du ralentissement des affaires, de réductions saisonnières ou de mauvais temps), dont la part dans l'emploi total augmente depuis 2002 après 5 années de baisse.

2 Les chômeurs

Une pluralité de définitions et de mesures du chômage

Le ***taux de chômage*** est la proportion de chômeurs dans la population active. Les économistes ont créé des nomenclatures pour caractériser un « chômeur », mais les critères divergent entre les analyses de l'INSEE et celles de l'ANPE, donnant lieu à d'importantes ambiguïtés.

Parmi les 2 727 000 chômeurs BIT de 2004, 470 000 se déclaraient non inscrits à l'ANPE et, dans le même temps, 1 685 000 personnes inscrites à l'ANPE n'étaient pas comptabilisées parmi les chômeurs BIT (953 000 étaient considérées comme actives occupées et 732 000 comme inactives) ! Inversement, de mi-2005 à mi-2006, les DEFM catégorie 1 baissaient de 10 % alors que les chiffres du BIT faisaient état d'une hausse de 3 % du nombre de chômeurs selon l'*enquête Emploi* de l'INSEE.

a) être chômeur au sens du BIT

En application de ***la définition internationale*** du chômage adoptée en 1982 par le BIT*, est chômeur toute personne en âge de travailler (15 ans et plus) qui répond cumulativement à différents critères :

- être sans emploi salarié ou non salarié et n'avoir exercé aucune activité rémunérée durant la semaine précédant l'enquête ;
- être disponible pour travailler dans les 15 jours et être à même de le faire ;
- être effectivement à la recherche d'un emploi salarié ou non ou en avoir trouvé un qui commence ultérieurement.

L'*enquête Emploi* de l'INSEE est la source statistique qui permet de mesurer le taux de chômage au sens du BIT. 2 620 000 personnes sont considérées comme chômeurs en 2008 (dont 40 % depuis plus d'un an).

Nombre de chômeurs et taux de chômage (INSEE)

	2004	2007
Nombre de chômeurs (en milliers)	**2 412**	**2 215**
Hommes	1 160	1 094
Femmes	1 252	1 121
Taux de chômage (en % de chaque catégorie)	**8,9 %**	**8,0 %**
Par sexe		
– hommes	8	7,4
– femmes	9,9	8,5
Par âge		
– 15-24 ans	20,4	19,3
– 25-49 ans	8,2	7,3
– 50 ans et +	6,0	5,4
Par statut social		
– cadres	4,4	3,3
– professions intermédiaires	5,4	4,5
– employés	9,2	8,1
– ouvriers	10,9	10,7

b) Être chômeur au sens de l'ANPE

La ***définition française*** du chômage correspond au taux de chômage publié tous les mois par le ministère de l'Emploi et de la Solidarité, calculé à partir des « Demandes d'emploi en fin de mois » (DEFM) de l'ANPE, qui ne retient comme « chômeurs » (DEFM catégorie 1) que les individus répondant aux critères suivants :

- être sans emploi rémunéré ;
- être immédiatement disponible pour occuper un emploi (y compris ceux qui exercent ou ont exercé au cours du mois précédent une activité occasionnelle ou réduite n'excédant pas 78 heures par mois) ;
- avoir accompli des actes positifs de recherche d'emploi ;
- être à la recherche d'un ***emploi à durée indéterminée à plein-temps***.

Les DEFM appartenant aux catégories 2 à 8 (ceux à la recherche d'un autre type d'emploi ou non immédiatement disponibles), ainsi que tous ceux non inscrits à l'ANPE ou radiés ne sont donc pas comptabilisés dans les chiffres officiels du chômage.

Demandeurs d'emploi fin de mois (DEFM)

	2008	2008/07
DEFM cat.1 – Personnes sans emploi, immédiatement disponibles pour travailler, à la recherche d'un emploi à durée indéterminée à temps plein	2 114,3	+ 11,4 %
DEFM cat.2 – Personnes sans emploi, immédiatement disponibles pour travailler, à la recherche d'un emploi à durée indéterminée à temps partiel	322,7	– 5,3 %
DEFM cat.3 – Personnes sans emploi, immédiatement disponibles pour travailler, à la recherche d'un emploi saisonnier	230,6	– 0,1 %
DEFM cat.4 – Personnes sans emploi, non immédiatement disponibles pour travailler (raisons personnelles), à la recherche d'un emploi	178,6	+ 7,1 %
DEFM cat.5 – Personnes déjà pourvues d'un emploi à la recherche d'un autre emploi	221,7	– 1 %
DEFM cat.6 – Personnes sans emploi, non immédiatement disponibles pour travailler (en formation ou stage), à la recherche d'un emploi à durée indéterminée à temps plein	425,5	– 5,5 %
DEFM cat.7 – Personnes sans emploi, non immédiatement disponibles pour travailler (en formation ou stage), à la recherche d'un emploi en CDI à temps partiel	63,4	– 8,4 %
DEFM cat.8 – Personnes sans emploi, non immédiatement disponibles pour travailler (en formation ou stage), à la recherche d'un emploi en CDD	75,7	– 14,6 %

Sources : DARES (2009), *Le marché du travail en décembre 2008,* Informations rapides, 8 pages.

En décembre 2008, 383 500 chômeurs supplémentaires ont été comptabilisés en catégorie 1 et ce, pour différents motifs : licenciement économique (16 500 personnes) ou autres licenciements (48 000), fin de CDD (97 200), fin de contrat d'intérim (42 800), première entrée (24 400). Sur la même période, l'ANPE a comptabilisé 327 300 chômeurs de moins (sorties du chômage) du fait notamment de la reprise d'un emploi (pour 71 400 personnes) ou d'une entrée en stage (28 500).

■ *Les catégories de population les plus vulnérables face au risque de chômage*

Les populations les plus vulnérables face au risque de chômage sont les femmes (12,3 % des femmes actives étaient au chômage en 2007, contre 8 % des hommes), les employés et les ouvriers (ces deux catégories affichent des taux de chômage de 8,1 et de 10,7 % de chaque population active respectivement en 2007), les individus sans diplôme ou avec le CEP (15,3 % d'entre eux sont sans emploi).

3 Les inactifs

La Population inactive (PI) est constituée de l'ensemble des personnes ***qui n'exercent ni ne cherchent à exercer une activité rémunérée***, à savoir les jeunes scolarisés (et, précédemment, les appelés au service national), les personnes au foyer, les handicapés et les retraités. Ils représentent 56 % de la population française.

Comment lutter contre le chômage ?

CHAPITRE

6

Les politiques d'emploi ont pour but d'améliorer le fonctionnement du marché du travail et de créer de nouveaux postes (politiques actives) et d'atténuer les effets du non-emploi (politiques passives).

En 2006, la dépense pour l'emploi atteint près de 57 milliards d'euros. Et si l'on inclut les allégements généraux de cotisations sociales sur les bas salaires et la réduction du temps de travail, l'effort global en faveur de la lutte contre le chômage dépasse 76 milliards d'euros, soit 4,2 % du PIB.

Dépenses pour l'emploi (en millions €)

	2001	**2002**	**2003**	**2006**
Indemnisation du chômage	21 838	26 094	29 212	27 779
Incitations au retrait d'activité	3 511	2 703	2 151	1 324
Formation professionnelle	13 083	12 741	12 861	14 363
Promotion de l'emploi et création d'emploi	9 917	10 152	9 159	9 558
Exonérations non compensées	1 553	1 401	1 093	
Maintien de l'emploi	553	609	597	
Incitations à l'activité	1 034	1 111	1 190	3 928 (Maintien de l'emploi + Incitations à l'activité + Fonctionnement du marché du travail)
Fonctionnement du marché du travail	1 222	1 721	1 741	
Total de la dépense pour l'emploi	**52 711**	**56 530**	**58 004**	**56 952**
En % du PIB	***3,52***	***3,65***	***3,66***	***3,2***

Réductions dégressives bas salaires (entreprises à 39 h.)	5 116	4 333	2 087	–
ARTT	506	539	565	–
Loi Aubry 1	2 423	2 362	1 949	–
Loi Aubry 2	6 371	8 191	4 260	–
Dispositif d'appui et conseil à la RTT	62	32	2	–
Allégements Fillon	///	///	7 230	–
Total des allégements généraux de CS*	**14 478**	**15 457**	**16 093**	**19 490**
En % du PIB	***0,96***	***1,00***	***1,02***	***1,1***
Total Dépenses pour l'emploi + allégements généraux	**67 189**	**71 987**	**74 096**	**76 442**
En % du PIB	***4,48***	***4,65***	***4,67***	***4,2***

*Rupture de série : dépenses en « encaissements/décaissements » jusqu'en 2000 ; en « droits constatés » à partir de 2001

Source : INSEE (2007), *Tableaux de l'économie française 2006/2007*.

1 La « politique passive » de lutte contre le chômage

Les politiques passives de lutte contre le chômage visent à atténuer les effets du non-emploi en agissant sur les ressources offertes aux chômeurs.

■ *Le dispositif d'indemnisation des chômeurs*

Depuis le 1er janvier 2001, dans le cadre du « plan d'aide au retour à l'emploi » (PARE), les chômeurs peuvent bénéficier de revenus de remplacement pendant 23 mois maximum pour un salarié ayant travaillé 16 mois au cours des 20 derniers mois (jusqu'à 36, voire 42 mois d'indemnisation pour les chômeurs de plus de 50 ans) et d'aides au retour à l'emploi (mesures d'accompagnement, aides à la mobilité géographique). La nouvelle réglementation (2009) prévoit d'ouvrir les droits à indemnisation si le salarié devenu chômeur a cotisé au moins 4 mois durant les 28 derniers mois. Le ***taux de couverture*** est actuellement de 63,6 %, sachant que 84 % des chômeurs indemnisés relèvent de l'assurance chômage gérée par les partenaires sociaux dans le cadre de l'UNEDIC, les autres étant pris en charge par le régime de solidarité financé par l'État.

Ceux dont la durée de cotisation est insuffisante ou qui ont épuisé leurs droits à l'allocation-chômage peuvent se voir attribuer des indemnisations au titre du régime de solidarité* (Allocation d'insertion ou Allocation de solidarité spécifique) ou le Revenu minimum d'insertion (RMI).

Fin 2008, 2 108 600 chômeurs sont indemnisés en France, 1 721 600 au titre de l'assurance-chômage et 387 000 grâce au régime de solidarité.

■ *Les mesures d'incitation au retrait d'activité*

La France a adopté des mesures destinées à réduire l'offre de main-d'œuvre en modifiant les comportements d'activité, en particulier en finançant partiellement les cessations anticipées d'activité (préretraites) de manière à faire basculer une partie des actifs dans la catégorie des inactifs.

2 Les « dépenses actives » au titre de la lutte contre le chômage

Les « dépenses actives » regroupent l'ensemble des mesures dont l'objectif est de créer des emplois soit dans le secteur marchand, soit dans le secteur non marchand*.

■ *Les actions sur la population active*

Premièrement, il s'agit de réduire la population active et faire basculer des chômeurs dans la catégorie des « inactifs » en ***prolongeant la durée de la scolarité*** ou en ***abaissant l'âge légal de la retraite***. Dans cette perspective, l'amélioration de l'insertion de la main-d'œuvre (par la mise en place de programmes de formation professionnelle et d'aide à la réinsertion des chômeurs de longue durée et des jeunes) vise à accroître la productivité de la main-d'œuvre et/ou à neutraliser les effets négatifs du chômage (déqualification).

■ *La baisse du coût du travail*

Mises en œuvre depuis 1993, les mesures de réduction du coût du travail ont souvent pris la forme de ***baisses des cotisations sociales patronales*** de Sécurité sociale sur les bas salaires (allant jusqu'à 1,8 fois le SMIC) ou en faveur des entreprises qui embauchent dans les zones cibles (zones franches urbaines, par exemple).

■ *La création directe d'emplois*

Des mesures sont mises en place pour favoriser la création d'emplois dans le secteur marchand (aides aux chômeurs créateurs d'entreprises, par exemple) et dans le secteur public ou associatif (mise en place des statuts spéciaux, allégements de charges sociales et réductions fiscales pour les emplois familiaux et les services à domicile).

L'***emploi aidé*** correspond à des contrats pour lesquels l'employeur bénéficie d'aides de l'État :
- emploi marchand aidé : pour l'embauche des jeunes (Contrat jeune en entreprise, contrats en alternance, apprentissage, contrats de professionnalisation qui remplacent les contrats de qualification, d'adaptation et d'orientation), pour les chômeurs de longue durée (Contrat initiative emploi, aides à la réinsertion, aides à la reprise ou à la création d'entreprise)... ;
- emploi non marchand aidé : emplois dans les collectivités territoriales, Contrat emploi solidarité (CES) et Contrat emploi consolidé (CEC) remplacés par les Contrat d'avenir (CAV) mis en place dans le cadre du *Plan de cohésion sociale*, Contrat emploi ville (CEV), Emplois jeunes.

■ *Les politiques de réduction du temps de travail*

Dans le but de « partager le travail », les pouvoirs publics ont pu opter pour la baisse de la durée légale de travail avec compensation salariale (RTT dans le cadre des lois Aubry, par exemple) et le développement du temps partiel.

■ *Les politiques de flexibilisation du marché du travail*

Dans une optique libérale, les politiques de flexibilisation du marché du travail sont préconisées, tant sur les salaires (décentralisation des négociations, désindexation des rémunérations sur les prix, intéressement des salariés aux résultats de l'entreprise, ouverture de l'éventail des salaires) que sur les effectifs (extension du temps partiel, recours aux CDD, suppression de l'autorisation administrative de licenciement).

PARTIE 3

Le financement de l'économie

Le marché de la monnaie

CHAPITRE
7

La monnaie est apparue dès lors que l'activité économique a donné lieu à des échanges multiples de produits. Du côté de l'offre, la création et l'injection de monnaie dans l'économie sont assurées par le système bancaire (banque centrale et banques commerciales) et le Trésor public. La demande de monnaie émane, elle, de l'ensemble des agents économiques.

1 Qu'est-ce que la monnaie ?

■ *Les fonctions de la monnaie*

Il est courant de définir la monnaie par les trois fonctions qu'elle remplit ou qu'elle est censée assurer :

- la monnaie est ***étalon de valeur*** qui permet de convertir en unités monétaires la valeur d'un bien. C'est donc une unité de compte grâce à laquelle les prix des biens et services sont évalués dans un langage chiffré commun à tous les membres de la communauté de paiement ;
- la monnaie est un ***intermédiaire des échanges*** : en tant que moyen de paiement, la monnaie permet d'éviter les coûts de transaction propres au troc ;

> Une économie sans monnaie suppose une organisation coûteuse. En effet, le *troc* nécessite la double coïncidence des désirs et suppose des coûts de transaction élevés (recherche d'informations sur les clients potentiels, sur la disponibilité du bien désiré ou sur le meilleur prix, coûts de stockage…).

- la monnaie garantissant le pouvoir d'achat des agents économiques est un ***actif de réserve***, car elle peut être conservée pour réaliser ultérieurement un achat.

■ *Les formes de la monnaie*

La ***monnaie au sens strict*** est constituée de l'ensemble des instruments parfaitement liquides, c'est-à-dire permettant d'effectuer immédiatement un règlement, et acceptés par tous les agents sur le territoire : les pièces (la monnaie divisionnaire), les billets (la monnaie fiduciaire) et les dépôts à vue dans les banques (la monnaie scripturale). Elle peut donc être matérialisée (billets, pièces) ou non (lorsqu'il s'agit d'un support électronique, notamment).

La ***monnaie scripturale*** circule à l'aide de divers instruments : chèque, avis de prélèvement, carte de crédit, virement, titre interbancaire de paiement.

Mais, pour connaître la capacité de dépense des agents non financiers résidents, il faut y ajouter tous les instruments qui peuvent être utilisés en règlement des transactions après conversion rapide en moyen de paiement, sans risque important de perte en capital et sans coût de transaction : la ***quasi-monnaie*** (l'argent déposé sur les comptes sur livret et les comptes épargne logement) et les ***instruments monétaires négociables*** (les OPCVM* monétaires ou les certificats de dépôt en France).

■ *La mesure de la quantité de monnaie en circulation dans l'économie*

Pour connaître quelle est la masse monétaire en circulation dans l'économie, les autorités monétaires doivent isoler, parmi les actifs assumant les trois fonctions évoquées plus haut, ceux qui constituent les moyens de paiement de ceux qui correspondent à un comportement durable d'épargne (donc non liquides). À ce titre, on crée des ***agrégats de monnaie*** (M1, M2, M3) regroupant tous les avoirs susceptibles d'être transformés aisément et rapidement en monnaie (c'est-à-dire ayant la capacité de dénouer une dette immédiatement), sans coût de transaction et sans perte en capital.

Les agrégats monétaires en France et dans la zone € en 2009
(en milliards d'€ et variation annuelle, données corrigées des variations saisonnières)

M1 — **zone € : 2 941 Md€**	**M2** — **zone €: 5 627,3 Md€**	**M3** — **zone €: 6 559,9 Md€**
Pièces et billets (Fr : 91,4/€ : 468,4) Dépôts à vue (Fr : 402,3/€ : 2 472,6)		
	Dépôts à terme ≤ 2 ans (Fr : 45,5/€: 1 043,4) Dépôts avec préavis ≤ 3 mois (Fr : 377,5/€: 1 642,9)	
		Pensions (Fr : 43,2/€: 227,5) Titres d'OPCVM monétaires (Fr : 275,8/€: 603,8) Instruments du marché monétaire et titres de créance émis ≤ 2 ans (Fr : 46,4/€: 101,2)

Sources : Banque de France, *Les évolutions monétaires dans la zone euro*, Stat infos, 27 février 2009, p. 1, 3 pages.

2 L'offre de monnaie

L'offre de monnaie émane de trois types d'agents économiques :

- les autorités monétaires (la banque centrale, la Caisse des Dépôts et Consignations) créent la ***monnaie de base*** (appelée aussi « monnaie centrale » ou « monnaie à haut pouvoir ») ;
- les banques de second rang créent de la ***monnaie de banque***, c'est-à-dire de la monnaie scripturale ;
- le Trésor public.

Depuis 2002, la Banque centrale européenne (BCE) est la seule habilitée à autoriser l'émission de billets de banque (et la production de pièces) en euros ; la Banque de France assure, en France, la mise en œuvre de la politique monétaire au sein du Conseil de la politique monétaire.

Dans tous les cas, la création monétaire correspond à la conversion d'une créance en monnaie.

■ *La création de monnaie par la banque centrale*

Le bilan de la banque centrale fait apparaître à son passif la monnaie de base : billets et pièces. Mais une fois cette monnaie créée, la banque centrale ne la donne pas aux agents ; elle exige des créances « en contrepartie » (monétisation des actifs non monétaires).

Bilan de la banque centrale

Actif (utilisation faite des ressources)	Passif (ensemble des ressources)
Contreparties a la masse monétaire	**Masse monétaire**
Or et réserves de change	
Créances sur l'État	Billets
Créances sur l'économie	Pièces

Ces contreparties sont autant d'occasions pour la banque centrale d'émettre de la monnaie :

- la ***monétisation des créances sur l'étranger*** : lorsque les agents économiques français perçoivent de la monnaie étrangère ou de l'or à la suite d'opérations d'exportation, de voyages touristiques, d'entrées de capitaux… et souhaitent les transformer en euros, la banque centrale les rachète contre de la monnaie nationale (elle détient donc une créance sur les différents pays émetteurs). Au contraire, les importations payées en euros donnent lieu à une destruction de monnaie nationale car le compte de l'importateur est débité ;

– la ***création de monnaie par les avances faites à l'État*** : la banque centrale accorde des crédits au Trésor public en souscrivant des Bons du Trésor (achetant des titres, elle les monétise, c'est-à-dire crée de la monnaie à hauteur de l'achat) ;

– la ***monétisation des créances à l'économie*** : la banque centrale accorde des crédits aux banques commerciales ou prend en pension des titres représentatifs des crédits qu'elles ont précédemment consentis à leurs clients (on parle de « refinancement* » des créances escomptées par les banques) ; elle injecte de la monnaie dans l'économie en contrepartie des créances qu'elle détient désormais sur l'économie.

Les contreparties de M3 dans la zone euro

Créances nettes sur l'extérieur	**375**
Concours au secteur privé	**13 063 (+ 6,8 %)**
Crédits	10 867
Titres	2 203
Concours aux APU	**2 629 (+ 3,1 %)**
Crédits	998
Titres	1 631
Ressources non monétaires des IFM (à déduire)	**6 777 (+ 4,1 %)**
Dépôts de l'administration centrale	340
Engagements financiers à long terme	6 437
Divers	76
Total	**9 372 (+ 7,5 %)**

Sources : Banque de France, *Les évolutions monétaires dans la zone euro*, Stat infos, 27 février 2009, p. 1, 3 pages.

■ *La création de monnaie par les banques commerciales (de second rang)*

Le banquier est un intermédiaire entre des agents à capacités de financement (les épargnants, qui cherchent à valoriser leur épargne) et ceux affichant un besoin de financement (les emprunteurs, qui cherchent les moyens de financer leurs activités).

a) Les banques sont au cœur du processus de création de monnaie

Les ressources d'une banque commerciale proviennent des dépôts de ses clients, de son refinancement* auprès de la banque centrale et des prêts qu'elle peut contracter auprès d'une autre banque (« prêts interbancaires* »).

Après avoir gelé une partie des dépôts sous forme de « réserves obligatoires », la banque dispose de « réserves excédentaires » qu'elle peut prêter sous forme de crédits bancaires. Puis ses clients vont utiliser cette monnaie, c'est-à-dire la faire circuler sous forme liquide ; la banque se tournera alors vers les autres banques ou la banque centrale (qui est le « prêteur en dernier ressort ») pour obtenir de nouvelles liquidités.

Bilan de la banque X

Actif	Passif
Réserves obligatoires	Dépôts
+ Réserves excédentaires	
= Base bancaire	Refinancement
Crédit bancaire	Prêts interbancaires

Les ***réserves obligatoires*** sont des dépôts non rémunérés que chaque banque commerciale doit effectuer sur un compte à la banque centrale en proportion des dépôts de ses clients.

b) … mais le pouvoir bancaire est contrôlé et limité

Si les banques ont bien un pouvoir de création monétaire, plusieurs contraintes encadrent leur activité.

Premièrement, la ***désintermédiation bancaire**** diminue leurs ressources (les épargnants réduisent leurs dépôts auprès des banques et placent leur argent sur le marché financier*), mais également leurs emplois (les entreprises, pour financer leurs investissements, choisissent de plus en plus d'émettre des titres sur le marché des capitaux*). Plus largement, la création monétaire des banques dépend de la demande de crédits, elle-même déterminée par le niveau des taux d'intérêt réels et la volonté de consommer ou par la croissance économique.

Ensuite, le banquier, comme tout autre producteur, est soumis à la ***loi de l'offre et de la demande*** (il ne peut émettre trop de monnaie au risque de voir sa valeur diminuer ou de ne pouvoir en assurer la convertibilité) et à la contrainte de rentabilité (minimisation des coûts, gestion optimale des effectifs, politique de prix…).

Enfin, les ***autorités monétaires réglementent*** l'activité d'offre de crédit des banques par :

– l'encadrement du crédit ;

– la détermination des ressources des banques en monnaie centrale par la fixation du taux de réserves obligatoires et des conditions du refinancement* (ce sont les « taux d'intérêt directeurs* ») ;
– l'établissement des taux d'intérêt créditeurs rémunérant les produits d'épargne des clients.

L'***encadrement du crédit*** suppose la fixation, par les autorités monétaires, d'un pourcentage de croissance annuelle de crédits que chaque banque commerciale a le droit de distribuer. Cette pratique fut supprimée en 1986 en France.

■ *La création de monnaie par le Trésor public*

Le Trésor public a historiquement la charge de « ***battre monnaie*** », c'est-à-dire de fabriquer les pièces (la monnaie divisionnaire), qu'il vend ensuite à la banque centrale à leur valeur faciale (celle inscrite sur la pièce). Si aujourd'hui les conditions de création monétaire sont imposées par la Banque centrale européenne (BCE), le seigneuriage n'a pas tout à fait disparu, ni dans le cas de l'émission de billets (dans ce cas, l'avantage financier né de la création de la monnaie va à la banque centrale qui les imprime), ni dans celui de la monnaie scripturale (les banques commerciales captent le profit de l'émission de crédit), ni dans celui de la monnaie métallique (le Trésor capte le profit du privilège de battre monnaie).

D'autre part, l'État peut lui-même ***transformer des créances*** sur le Trésor public en monnaie lorsqu'il règle ses fournisseurs ou crédite le compte postal des fonctionnaires au titre de leur rémunération.

La conduite de la politique monétaire en Europe

L'élaboration de la politique monétaire européenne se déroule dans le cadre de l'Eurosystème (ensemble formé de la Banque centrale européenne (BCE) et des banques centrales des pays membres de la zone euro), qui détient le pouvoir de création monétaire, conduit la politique monétaire et contribue au contrôle prudentiel des établissements de crédit et à la stabilité du système financier. Le Conseil des gouverneurs de la BCE définit la politique monétaire pour l'ensemble de la zone euro en veillant au respect de l'objectif final de stabilité des prix. Elle sera mise en œuvre par le Directoire qui donne des instructions aux BCN.

L'***objectif final*** assigné à la BCE est le maintien de la stabilité des prix et donc de celle du pouvoir d'achat de l'euro. Pour ce faire, la BCE surveille le taux de croissance annuel de l'Indice des prix à la consommation harmonisé (IPCH)* dans la zone euro qui ne doit pas dépasser 2 %. Mais ne contrôlant pas directement les prix dans la zone, la BCE utilise des ***objectifs intermédiaires***, c'est-à-dire une palette d'indicateurs (la hausse des salaires et des traitements, les coûts salariaux, le prix des matières premières…) et surveille/contrôle des variables susceptibles d'agir sur les prix des biens et services, notamment l'agrégat monétaire M3* (dont le taux de croissance ne doit pas dépasser +4,5 % par an au risque d'injecter trop de monnaie par rapport aux besoins réels de l'économie et de provoquer des tensions inflationnistes*).

Afin de maîtriser la quantité de monnaie injectée dans l'économie, elle doit ajuster l'émission de monnaie centrale (billets et pièces) et tenter d'influencer les capacités d'offre de crédit des banques commerciales. Parmi les ***instruments*** à sa disposition, la banque centrale agit sur la quantité de monnaie mise à disposition des banques par les opérations de refinancement* (établissement du niveau des taux d'intérêt directeurs*) et influence directement leurs besoins en liquidités en jouant sur le taux des réserves obligatoires*.

Sources : G. Le Guirriec-Milner, L. Ernest (2008), *De la monnaie commune à la monnaie unique*, dans « L'Union européenne, Ses institutions et ses politiques économiques », chapitre 4, coll. Manuels, Gualino éditeur, pp. 261-293, 679 pages.

3 La demande de monnaie

Bien que ne procurant aucun rendement pécuniaire (la détention de monnaie ne porte pas intérêt), la monnaie est demandée par les agents économiques.

■ La monnaie est demandée pour les services qu'elle rend en termes d'intermédiation

Pour les Classiques*, la monnaie n'est pas demandée pour elle-même, mais uniquement pour les échanges qu'elle permet de réaliser. Il y a donc ***stricte dichotomie*** entre la sphère réelle de l'économie (seul l'échange de biens crée de la richesse) et la sphère monétaire (apte à faciliter les échanges).

La demande de monnaie s'adapte donc à la demande de biens.

■ La monnaie chez Keynes : trois motifs à la détention de monnaie

Selon J.-M. Keynes, les agents détiennent de la monnaie pour ***trois motifs*** :

- pour pouvoir acheter des biens et services compte tenu du décalage existant entre le moment où les ménages et les entreprises perçoivent leurs revenus ou encaissent le produit de la vente des biens et services et celui où ils les dépensent ou mettent en œuvre la production (« motif de transaction ») ;
- pour pouvoir faire face à des dépenses imprévues (« motif de précaution ») ;
- pour pouvoir spéculer, c'est-à-dire profiter d'éventuelles futures opportunités de plus-values sur les titres financiers (« motif de spéculation »).

Le ***degré de préférence pour la liquidité***, fonction de la confiance qu'ont les agents dans l'avenir du système, est l'une des trois lois psychologiques fondamentales* de Keynes. Dans ce cas, la monnaie est un moyen d'apaiser l'inquiétude des agents face à un avenir incertain et non probabilisable. Elle suppose que les agents préfèrent la monnaie aux autres formes de richesse, car elle leur permet de consommer et d'investir.

■ *La gestion des encaisses chez les Néokeynésiens*

Selon W. Baumol [1952] et J. Tobin [1956], les individus optent pour la détention de monnaie tant que la rémunération des placements est inférieure aux ***coûts de transaction attachés aux opérations sur les titres financiers*** (analyse financière, temps de passation des ordres, commissions, coûts de conversion en monnaie, risque de perte en capital au moment de la vente…).

■ *La demande de capital chez les Monétaristes*

Pour M. Friedman [1956], la monnaie désirée est l'un des éléments du patrimoine des agents aux côtés des actifs réels (biens immobiliers), financiers (actions et obligations), humains (dépenses en éducation, en santé…) ; la demande de monnaie doit donc être considérée dans le programme d'***optimisation du portefeuille***, en fonction de la richesse des individus, du rendement des autres actifs et du niveau des prix des biens et services qui en fait varier le pouvoir d'achat.

Le marché du crédit

Chapitre 8

Le financement externe est indirect lorsqu'il consiste en des opérations de crédit effectuées par les intermédiaires financiers ayant collecté préalablement l'épargne des agents économiques.

On parle de « finance indirecte » ou « intermédiée » lorsque des institutions financières jouent le rôle d'intermédiaire entre les agents à besoins de financement et ceux affichant une capacité de financement. Le solde du compte de capital (épargne brute + transferts nets en capital – dépenses faites à des fins d'accumulation (FBCF*, variation de stocks, acquisitions nettes d'objets de valeur et d'actifs non financiers non produits tels que les terrains et les actifs incorporels) indique un besoin (solde négatif) ou une capacité (solde positif) de financement.

En 2008, l'ensemble des administrations publiques (Administration centrale, État, ODAC, administrations locales, administration de Sécurité sociale) affichaient un besoin de financement de 50 milliards d'euros et les sociétés non financières de 78,1 milliards d'euros. Les ménages avaient une capacité de financement de 65,3 milliards d'euros, auxquels viennent s'ajouter celles des sociétés financières (+10,8 milliards d'euros) et des institutions sans but lucratif au service des ménages (+0,5 milliard d'euros).

La Nation connaît donc ***un besoin de financement*** de 52,1 milliards d'euros (c'est-à-dire que la FBCF* des résidents est supérieure à leurs ressources d'épargne) qui sera couvert par des transferts de capital en provenance du reste du monde.

Sources : INSEE (2009), *Comptes de la Nation 2008*, INSEE Premières, n° 1189, mai, p. 3, 4 pages.

L'emprunteur émet un actif financier qualifié de « titre primaire ». Il sera acquis par la banque qui le finance à partir de l'épargne qu'elle a préalablement collectée auprès des agents à capacité de financement grâce à l'émission d'actifs financiers qualifiés de « titres secondaires » (produits d'épargne*).

Par cette ***intermédiation***, les institutions financières concilient les exigences des agents économiques prêteurs (qui veulent pouvoir rapidement récupérer leurs fonds en cas de besoin et exigent des garanties sur l'emprunteur) et celles des emprunteurs (qui cherchent à obtenir des prêts de longue durée et d'un montant élevé). C'est ***une adéquation quantitative et qualitative*** entre l'épargne disponible et les besoins de financement.

1 La collecte de l'épargne

Le ***taux d'épargne des ménages*** en France s'établit, en 2008, à 15,3 % de leur revenu disponible brut, en recul de 0,3 point par rapport à 2007 (le taux d'épargne financière se maintient à 4,5 %, alors que leurs achats en logements ralentissent et les droits de succession acquittés diminuent suite au vote de la loi TEPA). Une partie de cette épargne est confiée aux banques et répartie entre les différents produits de conservation de la valeur en fonction de critères tels que la sécurité du placement, le rendement, la disponibilité, la fiscalité, les contraintes réglementaires.

> Le ***taux d'épargne*** correspond à la part des revenus qui restent disponibles pour l'épargne après la consommation et l'investissement immobilisé.

Selon les chiffres de la Banque de France, à la fin de l'année 2007, les comptes à vue des ménages présentaient un encours de 246,8 milliards d'euros, auxquels venaient s'ajouter 437,6 milliards d'euros détenus sous forme de livrets (livrets Jeune, livrets Bleus, livrets A et B) et de comptes (comptes sur livrets bancaires, CODEVI, LEP, CEL...). L'encours des dépôts à terme atteignait 405,1 milliards d'euros.

2 Les opérations de crédit

Les critères les plus importants pour caractériser un crédit concernent : la source du crédit (indiquant l'organisme prêteur : banques, institutions financières spécialisées), la durée, le bénéficiaire (entreprises, ménages) et l'objet économique.

En combinant ces différents critères, on distingue :

- les ***crédits à court terme*** (≤ 2 ans) : crédits de trésorerie pour le financement de l'exploitation de l'entreprise (escompte des effets de commerce, autorisation de découvert sur les comptes bancaires, avances de trésorerie) et crédits à la consommation des ménages ;
- les ***crédits à moyen terme*** (2 à 7 ans) : crédits pour le financement des dépenses d'équipement des ménages et crédit d'exploitation pour les entreprises ;
- les ***crédit à long terme*** (≥ 7 ans) : crédits d'équipement (financement des installations industrielles) et d'investissement (crédits à l'habitat).

Le marché des capitaux

CHAPITRE
9

Le financement externe est direct lorsque les agents à besoins de financement émettent des titres qui seront directement achetés par les agents à capacités de financement désirant ainsi placer leur épargne.

1 D'une économie d'endettement à une économie de marchés financiers

■ *Le rôle croissant des marchés de capitaux dans l'économie…*

Selon la typologie établie par J. Gurley et E. Shaw [1960], la *finance directe* est la situation dans laquelle les agents à capacité d'épargne financent directement ceux ayant besoin de capitaux. Plusieurs facteurs ont contribué à la « financiarisation de l'économie », c'est-à-dire au rôle croissant des marchés de capitaux, et ce tant au niveau des financements des activités que de la valorisation de l'épargne des ménages et du placement de la trésorerie des entreprises :

- la mise en place, dès le début des années 1980 dans les pays développés, de ***politiques monétaires* restrictives*** visant à lutter contre l'inflation en limitant la création monétaire par la hausse des taux d'intérêt. Les agents économiques se détournent alors du financement par crédit bancaire devenu trop coûteux ;
- l'adoption de ***mesures visant à augmenter la part du profit dans la valeur ajoutée*** (modération des salaires et des impôts) a permis aux entreprises de s'autofinancer et d'attirer les épargnants sur le marché des actions ;

- la ***transformation du système financier international (les « 3D »)***, en favorisant les échanges, a provoqué la forte progression des actifs monétaires et financiers* dans le total des placements des ménages et des entreprises au détriment de l'épargne bancaire et dans le financement des entreprises au détriment des crédits bancaires ;
- l'accroissement des besoins de financement des administrations publiques ;
- l'apparition de nouveaux produits financiers qui facilitent l'accès direct au marché des capitaux.

Les « 3D » :
- ***déréglementation*** des mouvements internationaux de capitaux (levée du contrôle des changes, mise en concurrence des banques par la loi bancaire du 24 janvier 1984, assouplissement puis suppression de l'encadrement du crédit) ;
- ***décloisonnement*** des marchés de capitaux nationaux (globalisation en un seul marché des capitaux unifié allant du jour le jour au très long terme et accessible à tous les agents économiques) ;
- ***désintermédiation*** bancaire.

Aujourd'hui, le ***taux d'intermédiation financière*** au sens strict (part prise par les institutions financières résidentes – établissements de crédit, entreprises d'investissement, OPCVM* et sociétés d'assurance – dans les encours de financement obtenus par les agents non financiers résidents) est tombé à 39,5 % (contre 73 % en 1980 et 54 % en 1994). La même tendance est remarquable au niveau des placements.

Lorsque sont pris en compte, outre les crédits, les titres émis par les agents non financiers (titres de propriété ou de créance) et détenus par les intermédiaires financiers résidents, on parle de taux d'intermédiation au sens large, stabilisé autour de 59,5 % en 2007.

■ *... ne fait pas disparaître les banques pour autant !*

Face à cette évolution, les banques ont donc dû redéfinir leur activité en se reconvertissant comme intermédiaires boursiers, conseillers ou vendeurs de produits d'assurance et opérer des concentrations (fusions et acquisitions) pour globaliser l'activité et étaler les coûts fixes.

D'autre part, la ***marchéisation*** traduit la présence de plus en plus forte des banques sur le marché des capitaux :

- elles achètent des titres émis par leur clientèle d'emprunteurs pour leur propre compte ou pour les placer ensuite auprès de leurs clients à la recherche de placements ;
- elles font désormais appel au marché monétaire pour se financer en émettant des titres (phénomène de « titrisation »).

2 Le marché des capitaux à long terme (le marché financier)

Le marché des capitaux à long terme est le lieu d'émission (marché primaire : diffusion des émissions nouvelles de titres) et d'échange (marché secondaire : échange des titres déjà émis) des valeurs mobilières* (actions et obligations essentiellement) servant aux financements et aux placements à long terme des agents économiques.

■ *Les acteurs du marché financier*

a) Les apporteurs de capitaux

Les agents à capacités de financement se portent sur le marché financier afin de valoriser leur épargne. Ce sont :

– les petits épargnants ;

> Dès le milieu des années 1980 en France, les individus sont incités à *placer leur épargne en bourse* du fait :
>
> – de la réorientation de la fiscalité favorable aux placements boursiers ;
>
> – du développement de l'actionnariat salarié (direct, Plans d'épargne entreprise (PEE), participation et intéressement, stock-options) ;
>
> – des privatisations ;
>
> – de la mise à disposition de nouveaux produits de gestion des risques.

– les investisseurs institutionnels, français et étrangers : les collectivités ayant pour rôle la gestion de portefeuilles de valeurs, les compagnies d'assurance, les caisses de retraite, les collectivités locales.

b) Les demandeurs de capitaux

Si les ménages et les collectivités locales se financent essentiellement auprès des établissements de crédit, les entreprises, les banques et l'État peuvent recourir aux financements de marché pour obtenir des ressources longues.

Les produits et les compartiments du marché financier

Le marché financier est un ***marché de valeurs mobilières***, c'est-à-dire de titres négociables qui représentent des droits acquis à l'encontre d'une personne morale, publique ou privée, par celui/ceux qui lui a/ont apporté les capitaux nécessaires à son financement. Ce sont soit des droits d'associés (actions), soit des droits de créanciers (obligations).

a) Le financement par émission de titres de propriété (actions)

Une action est un titre négociable émis par une société de capitaux qui a un besoin de financement et représentatif de la valeur unitaire de son capital social.

Les sociétés par actions peuvent décider de ***lever des fonds à long terme*** :

- soit par cession de titres existants (vente d'actifs par les actionnaires) ;
- soit par augmentation de capital (émission de nouvelles actions en numéraire – appel à des capitaux supplémentaires –, distribution d'actions gratuites ou augmentation de la valeur nominale du titre…) ;
- soit par privatisation (l'actionnaire cédant est, dans ce cas, l'État).

Ce qui motive l'***achat d'une action*** est soit la recherche d'une plus-value (motif de spéculation, puisqu'on cherche à vendre plus cher l'action dans le futur), soit la recherche d'un rendement grâce aux dividendes versés, soit la volonté de participer au capital d'une entreprise et de se voir ainsi attribuer le titre « d'associé » (il est propriétaire de l'entreprise en fonction du nombre d'action qu'il détient).

Les *droits des actionnaires* :
- droit de regard sur la gestion de la société par leur présence au conseil d'administration ;
- droit de vote (1 voix par action, sauf exception) *au prorata* de l'apport ;
- droit pécuniaire *via* la perception de dividendes ;
- droit sur l'actif net de la société (remboursement de l'apport lors de la liquidation de la société à sa valeur nominale augmenté d'un « boni de liquidation »).

Les actions sont émises (marché primaire) et échangées (marché secondaire) sur ***le marché des actions***. Euronext est une grande bourse de valeurs européenne issue de la fusion des bourses de Paris, Amsterdam, Bruxelles, Lisbonne et Porto et du marché à terme britannique, le Liffe (*London International Financial Futures and options Exchange*).

En termes de capitalisation boursière*, la ***place financière*** de New York, le New York Stock Exchange, est la plus importante au monde (avec une capitalisation boursière des actions nationales égales à 15 650,8 milliards de dollars en 2007), loin devant Tokyo (4 330,9 milliards de dollars), Euronext (4 222,7), le Nasdaq (4 013,7), Londres (3 851,7), Hong Kong (2 654,4) et l'Allemagne (2 105,2).

Euronext a réformé sa cote en février 2005 de manière à ce qu'il existe désormais 3 compartiments :

- ***Eurolist*** est un seul marché regroupant toutes les entreprises des anciens « Premier marché », « Second marché » et « Nouveau marché ». Les sociétés cotées sont identifiables en fonction de leur capitalisation boursière* (nombre de titres disponibles sur le marché × cours du titre à un moment t). Se trouvent sur le compartiment A celles dont la capitalisation boursière est supérieure à 1 milliard d'euros (elles ont également l'obligation d'y mettre à disposition au moins 25 % de leur capital social, de présenter des comptes certifiés et audités et de communiquer sur leurs activités et leur situation). Celles dont la capitalisation boursière est comprise entre 150 millions d'euros et 1 milliard d'euros sont cotées sur le compartiment B et celles dont la capitalisation boursière est inférieure à 150 millions d'euros sont cotées sur le compartiment C ;
- ***Alternext*** est à destination des PME de la zone euro qui souhaitent lever des capitaux sur un marché organisé mais non réglementé ;
- le ***Marché libre***.

La performance d'un marché boursier ou d'un secteur particulier est mesurée des ***indices boursiers***, la plupart étant calculés en additionnant les capitalisations boursières des sociétés les composant puis en divisant par une base (100 ou 1 000 au moment de la création de l'indice).

Le principal indice de la place de Paris est le CAC 40, déterminé à partir des cours des actions des 40 entreprises françaises les plus représentatives de leur branche, cotées en continu sur le compartiment A de l'Eurolist, et pondérés par la capitalisation boursière de chaque valeur (3 217,97 points à la fin de l'année 2008 – avec un plus haut à 6 168,15 points et un plus bas à 2 465,46 points à 5 ans – pour une base 1 000 le 31 décembre 1987, date de sa création). Le SBF 120 et le SBF 250 sont composés respectivement des 120 et 250 valeurs les plus importantes du marché français.

Le Dow Jones, le Nasdaq et le Standard & Poors 500 (États-Unis), le Nikkei (Japon), le FTSE (Grande-Bretagne), le Dax (Allemagne) sont les indices des principales places financières du monde.

b) Le financement par émission de titres de dette (obligations)

Les entreprises – publiques ou privées –, l'État ou les établissements de crédit peuvent obtenir de nouvelles ressources permanentes en émettant des ***obligations***. Ces titres négociables représentent pour celui qui les détient une créance à long terme sur l'émetteur, égale à une fraction de l'emprunt obligataire émis.

Le détenteur de l'obligation obtient ainsi le droit à une rémunération, en principe fixe, déterminée par le taux en vigueur au moment de l'emprunt et indépendante des résultats de l'entreprise (le coupon est le revenu versé chaque année à l'épargnant), et à la restitution du capital au bout d'une période déterminée.

Comme les actions, les obligations sont émises et s'échangent sur un marché : ***le marché obligataire***.

c) Les autres produits financiers

D'autres types de valeurs mobilières se sont ajoutés aux actions et aux obligations, combinant leurs particularités :

- les ***quasi-actions*** (actions à dividende prioritaire sans droit de vote, certificats d'investissement) permettent aux entreprises de se procurer des fonds propres sans courir le risque d'un changement de majorité ;
- les ***quasi-obligations*** permettent aux créanciers de devenir actionnaires (obligations convertibles en actions, obligations échangeables en actions, obligations à bons de souscription d'actions) ou de percevoir une rémunération liée aux bénéfices de l'entreprise (titres participatifs émis par les sociétés publiques).

d) les produits collectifs

Les *OPCVM (Organismes de placement collectif en valeurs mobilières)* proposent la gestion collective des fonds confiés par les épargnants en achetant soit des actions de SICAV (Sociétés d'investissement à capital variable), soit des parts de FCP (Fonds communs de placement).

> Les *SICAV* ont le statut juridique de sociétés, mais le terme sert aussi à désigner le produit commercialisé. La valeur d'une SICAV correspond à la valeur des titres qu'elle détient dans son portefeuille. Les *FCP* sont des copropriétés de valeurs mobilières.

D'autre part, les ***fonds de placement d'origine étrangère*** sont très présents à la Bourse de Paris depuis la fin des années 1990. Ce sont, par exemple, les fonds de pension (caisses de retraite étrangères) qui gèrent l'épargne constituée par les actifs en vue de leur retraite (système de retraite par capitalisation) ou les « hedge funds » (fonds spéculatifs).

3 Le marché des capitaux à court terme

La réforme de 1985 (ouverture du marché monétaire) a permis la création de deux compartiments (le marché des titres du marché monétaire et le marché interbancaire) pour assurer le financement à court terme des agents économiques ou de certains d'entre eux.

■ *Le marché des titres du marché monétaire*

C'est le marché de l'argent à court et moyen terme, ouvert aux agents économiques qui souhaitent lever des fonds ou placer des disponibilités sous forme de « titres de créance négociables » émis sur des échéances de 10 jours à 2 ans :

- les ***bons du Trésor*** sont émis par l'État ;
- les ***certificats de dépôts***, instaurés en mars 1985, sont des billets à ordre émis par les banques commerciales ;
- les ***billets de trésorerie***, créés en décembre 1985, et les ***bons des institutions et sociétés financières*** sont des billets à ordre émis par les grandes entreprises (sociétés non financières* et financières*).

■ *Le marché interbancaire*

C'est le marché de l'argent à court terme entre institutions financières (banque centrale, Trésor public, établissements de crédit, Caisse des dépôts et consignations, La Poste) qui leur permet de compenser quotidiennement leurs excédents et déficits en monnaie centrale. Elles y échangent des titres de créance, ce qui assure en partie le refinancement bancaire.

a) Le refinancement auprès de la banque centrale

Dans le but d'injecter (achat d'actifs aux banques en contrepartie de monnaie) ou de détruire de la monnaie centrale (vente d'actifs aux banques contre de la monnaie) – c'est-à-dire afin de conduire la politique monétaire*, la Banque centrale européenne (BCE) intervient notamment :

- sur le ***marché de la pension*** selon trois procédures :
  - les banques commerciales excédentaires en monnaie centrale effectuent des dépôts auprès de la BCE au « taux d'intérêt des facilités de dépôts » (taux plancher, rémunérateur), ce qui permet à la banque centrale de retirer du marché des liquidités au jour le jour (24 heures) ;

- la BCE peut fournir des liquidités au jour le jour (24 heures) aux banques commerciales débitrices en monnaie centrale contre des actifs éligibles au « taux des facilités de prêt marginal » (taux d'intérêt plafond payé par les banques) ;
- les opérations principales de refinancement des banques commerciales par la BCE se font à 2 semaines au « taux REFI » ;

– par l'***open market*** : la BCE achète et vend ferme des titres aux banques au taux du marché.

Les ***taux d'intérêt directeurs*** de la politique monétaire européenne (taux des facilités de dépôts, taux des facilités de prêt marginal et taux REFI) représentent le coût de l'argent (monnaie banque centrale) pour les banques commerciales, c'est-à-dire le coût de leur refinancement.

b) les prêts interbancaires

Les banques commerciales se prêtent des liquidités entre elles à des taux d'intérêt déterminés en fonction de la nature des titres escomptés et de l'échéance du contrat de prêt interbancaire. Deux taux d'intérêt sont particulièrement représentatifs du marché interbancaire en Europe :

– l'***EONIA*** (*Euro Overnight Index Average*) est le taux d'intérêt moyen pondéré des prêts au jour le jour entre banques de la zone euro ;

– l'***EURIBOR*** (*European Interbank Offered Rate*) est un indicateur des taux d'intérêt à terme pratiqués sur les prêts interbancaires pour des échéances mensuelles allant jusqu'à un an.

Le ***prix du crédit*** qu'un ménage ou une PME doit payer quand il contracte un prêt auprès d'une banque (« taux d'intérêt débiteur ») dépend donc du coût de l'argent pour les banques commerciales.

La référence est généralement un taux du marché monétaire auquel s'ajoutent des frais de gestion et de dossier et les commissions propres à chaque forme de crédit.

PARTIE 4

L'inflation : calamité, mal nécessaire ou antidote ?

Les origines de l'inflation

CHAPITRE **10**

Les explications traditionnelles (inflation par la demande, par les coûts, par la monnaie) et les explications dites structurelles de l'inflation doivent être distinguées, car elles ne commandent pas la mise en place des mêmes politiques économiques.

1 L'évolution des prix et sa mesure

■ *L'évolution des prix*

L'inflation correspond à la ***hausse persistante et générale des prix***. Elle ne doit pas être confondue avec les augmentations sectorielles de certains prix ou une hausse des prix généralisée à l'ensemble de l'économie mais qui resterait sans lendemain.

D'autre part, cette hausse des prix est ***auto-entretenue***, c'est-à-dire qu'elle repose sur des mécanismes de transmission (les « relais inflationnistes ») et met en jeu tous les éléments de l'économie (détermination des revenus, des prix, de la production…).

■ *La mesure de l'évolution des prix*

Le taux d'inflation est le pourcentage de variation annuelle du niveau général des prix, estimé par l'évolution de l'***indice des prix à la consommation (IPC)***, dont le calcul suppose :

- la prise en compte des ***prix de détail*** des biens et services (« résumé » par le prix d'un panier de biens représentatif de la consommation des ménages) ;
- la ***pondération*** des produits correspondant à la part de chacun dans la consommation moyenne des Français ;
- la disparition de l'***effet qualité***.

Si le premier ***indice des prix à la consommation (IPC)*** utilisé entre 1914 et 1949 comportait 34 articles, le panier de référence contient aujourd'hui 305 postes, soit environ 95 % des biens et services courants : alimentation (19,2 % du total), habillement et chaussures (4,8 %), logement (13,4 %), ameublement (6,1 %), dépenses de santé (9,9 %), transports et télécommunications (18,9 %), loisirs, culture et éducation (8,8 %), hôtellerie, café et restauration (8,2 %), autres biens et services (10,7 %)... Les services hospitaliers privés, l'assurance-vie et les jeux de hasard ne sont pas couverts par l'indice.

Le contraire de l'inflation est la « déflation », qui indique une baisse du niveau général des prix... à distinguer de la « désinflation » qui désigne le ralentissement de la croissance des prix.

L'inflation moyenne en France sur 2008 s'établit à 2,8 % avec de fortes variations mensuelles (+ 1,5 % en 2007). Selon les critères de calculs européens, l'IPCH (l'Indice des prix à la consommation harmonisé) a augmenté de 3,2 % en France sur l'année 2008 (+ 3,3 % dans la zone euro et + 3,7 % pour l'ensemble des pays de l'UE-27) du fait des fortes hausses de prix de certaines familles de biens (+ 5,1 % pour les prix des produits alimentaires, +9,6 % pour l'énergie servant au chauffage domestiques, + 12,1 % pour les carburants et + 5,3 % pour les transports). L'année 2009 devrait voir l'inflation se ralentir ; en mars 2009, l'IPC français s'accroît de 0,3 % sur un an (soit la progression la plus faible depuis juin 1999) du fait de la hausse des prix de l'habillement, des chaussures et des autres produits manufacturés à l'issue des soldes d'hiver et, dans une moindre mesure, du prix des loyers, de l'eau, des services d'enlèvement des ordures ménagères. Au contraire, les prix de l'énergie, des services de transport, des communications et des produits frais baissent.

2 Quelles sont les causes de l'inflation ?

■ *Un déséquilibre entre l'offre et la demande de biens et services*

Soit une situation d'équilibre de l'économie nationale, où l'offre de biens et services est égale à la demande globale et où les prix sont stables. Dans ce contexte, une hausse sensible des prix peut trouver son origine soit du côté de la demande, soit de celui de l'offre.

a) L'inflation par la demande

À partir d'un niveau des prix initial, la demande de biens et services en volume peut s'accroître pour différentes raisons :

- hausse de la demande étrangère pour les biens et services nationaux ;

- déthésaurisation ou désépargne liée à l'apparition de nouveaux produits, à la modification du système de prix relatifs, à l'augmentation de la population ou à l'enrichissement de certaines catégories d'individus, à la mise en place d'une politique de soutien à la consommation ;
- hausse des dépenses publiques* ;
- financement de l'économie de guerre : développement de la production d'armement et distribution de revenus.

Si les entreprises ne peuvent satisfaire ces commandes (on dit alors que l'offre de biens et services est « inélastique »), le déséquilibre entre l'offre et la demande de biens se traduira par une forte hausse des prix.

Les causes de l'***inélasticité de l'offre de biens et services*** sont diverses :
- plein emploi des possibilités de production ;
- pénurie de certains biens sur le marché ;
- inadéquation des biens proposés avec les goûts, les besoins ou les attentes des consommateurs.

b) L'inflation par les coûts

La ***répercussion d'une hausse des coûts de production*** sur les prix de vente des entreprises (qui souhaitent ainsi maintenir leurs marges) peut également provoquer l'inflation. Or, cette augmentation des coûts de production peut avoir plusieurs origines :
- la rémunération des facteurs de production augmente plus vite que leur productivité* ; on parle d'« inflation de productivité » ;
- la hausse généralisée des prix des matières premières importées utilisées comme consommations intermédiaires* ; c'est l'« inflation importée » ;
- la dépréciation de la monnaie nationale (perte de la valeur de la monnaie nationale par rapport aux monnaies étrangères) qui renchérit le coût des biens importés.

Et ce processus est cumulatif et auto-entretenu puisque face à la hausse des prix et à la dégradation de leur pouvoir d'achat, les salariés revendiquent des augmentations de salaire compensatrices… ce qui accroît encore les coûts de production des entreprises !

■ *L'inflation est « partout et toujours un phénomène monétaire »*

Les Monétaristes estiment que l'inflation résulte toujours d'***une expansion trop rapide de la quantité de monnaie**** injectée dans l'économie par rapport à la croissance des besoins réels des agents.

En effet, si le gouvernement (lorsque la banque centrale n'est pas indépendante du pouvoir politique) ou la banque centrale décident d'augmenter la masse monétaire en circulation dans une optique de relance* de la croissance économique (en facilitant le crédit, par exemple), les agents vont se retrouver avec des moyens de paiement excédentaires par rapport au volume d'échanges qu'ils effectuaient auparavant. N'ayant aucune raison d'accumuler de nouvelles encaisses monétaires, ils les utilisent en achetant des biens et des services, d'où une augmentation de la demande globale sur le marché. Si l'offre de biens et services ne suit pas, il y a inflation.

La théorie monétariste est fondée sur la ***Théorie quantitative de la monnaie (TQM)*** qui relie la hausse des prix à l'accroissement des moyens de paiement en circulation dans l'économie. I. Fisher [1911] a mis en équation cette idée :

$$M \times V = P \times T$$

Avec :

- M, la masse monétaire ;
- V, la vitesse de circulation de la monnaie (nombre moyen de transactions effectuées avec une même unité monétaire), supposée stable à court terme ;
- P, le niveau général des prix ;
- T, le volume des transactions sur les biens et services supposé constant du fait du plein-emploi des facteurs de production.

■ *L'inflation est un phénomène structurel*

Alors que jusqu'au début du XXe siècle les hausses de prix étaient limitées (les périodes de fortes demandes de marchandises et de hausse des prix étaient suivies par des périodes de baisse des prix selon le mode de la « régulation concurrentielle »), la « régulation monopolistique » qui caractérise le XXe siècle serait porteuse, en elle-même, de tensions inflationnistes.

En effet, les économies sont entrées, à la suite de la Seconde Guerre mondiale, dans une ère de tensions sur les prix quasi-permanentes qui serait le fait des ***transformations structurelles du capitalisme***, tant du côté de la demande que de l'offre de biens et services.

a) Les causes structurelles de l'inflation par la demande

Une demande de biens et services durablement excédentaire peut s'expliquer par :

- le décalage temporel existant entre les investissements productifs et l'offre de nouveaux biens produits grâce à eux, puisque des revenus supplémentaires sont immédiatement distribués alors que la mise sur le marché des biens ainsi créés prend du temps ;

– le développement des services non marchands (services d'éducation et de santé, de sécurité sociale…) gonfle durablement la demande pour les biens et services marchands par le biais de la redistribution*.

b) Les causes structurelles de l'inflation par les coûts

La concentration de l'appareil industriel sur le marché des biens et services aboutit à des situations d'oligopole* ; les ***entreprises dominant le secteur préfèrent s'entendre*** en fixant des prix plus élevés que ceux en concurrence ou différencient leurs produits (et obtiennent ainsi une situation de monopole sur ce segment de marché qui leur permet d'imposer leurs prix).

Le ***poids croissant des syndicats*** sur le marché du travail et l'accroissement des conflits pour le partage de la valeur ajoutée obligent également les entreprises à augmenter les prix suite à un choc puisque l'ajustement ne peut plus porter sur les employés (par une baisse des salaires), sur les employeurs (par une baisse des marges) ou sur les actionnaires (par une baisse de la rémunération du capital).

Contrairement à la « régulation concurrentielle » fondée sur des mécanismes marchands (loi de l'offre et de la demande et ajustement par les prix), la ***régulation monopolistique*** suppose le rôle primordial des grandes institutions sociales (oligopoles, États, syndicats) dans la détermination des prix et des salaires, d'où la pression à la hausse des prix.

Les effets de l'inflation

CHAPITRE
11

Faut-il lutter contre l'inflation ? Parce que l'inflation est dangereuse pour le bon fonctionnement de l'économie, la mise en place de mesures de lutte contre l'inflation est préconisée.

1 Pourquoi lutter contre l'inflation ?

S'il a été parfois reconnu certaines vertus à l'inflation (stimulation de l'investissement et des dépenses publiques par la pénalisation de l'épargne oisive comparativement à l'épargne investie, baisse du coût de l'endettement par emprunt à taux fixe par rapport à la valeur réelle du remboursement, encouragement de la consommation des ménages du fait de la baisse de la valeur réelle de l'épargne), celle-ci *dérègle les mécanismes économiques fondamentaux*.

■ *Les conséquences internes de la hausse des prix*

Premièrement, *les rôles de la monnaie* sont totalement perturbés*. La monnaie n'assure plus sa fonction de réserve de valeur en période d'inflation* puisque la hausse des prix des biens et services réduit le pouvoir d'achat de la monnaie nationale ; les agents adoptent un comportement de « fuite devant la monnaie ». La monnaie n'assure pas non plus sa fonction d'instrument de mesure, puisque les variations de prix n'obéissent plus à des forces réelles ; les gains et les pertes des agents ne correspondent à aucune logique économique et les choix de consommation, d'épargne et d'investissement sont totalement perturbés. En revanche, la monnaie voit son rôle d'instrument des échanges totalement exacerbé.

D'autre part, la *distribution des revenus s'en trouve modifiée* au détriment des agents dont les revenus ne sont pas indexés sur la hausse des prix (rentiers, retraités, salariés du secteur privé) et des individus pauvres qui sont contraints de payer les produits de grande consommation plus chers (leur demande de biens et services est dite « inélastique aux prix »).

L'***élasticité-prix de la demande*** est définie comme le rapport, en %, de la variation de la demande d'un bien et de celle du prix de ce bien.

$$e = (\Delta D/D) / (\Delta P/P)$$

La demande est dite « inélastique » (e = 0) lorsque la demande ne varie pas quand les prix augmentent ou diminuent.

■ *Les conséquences externes de l'inflation*

L'inflation ***réduit la compétitivité-prix*** des produits nationaux lorsque son taux dépasse celui des pays partenaires.

2 Comment lutter contre l'inflation ?

■ *Les politiques de lutte contre l'inflation d'inspiration keynésienne*

Compte tenu de l'explication non monétaire de l'inflation qu'ils privilégient, les Keynésiens « préconisent » :

- le blocage des prix et des salaires ;
- le contrôle de la croissance des revenus (pour la rendre compatible avec celle de la productivité des travailleurs) ;
- des politiques budgétaire et fiscale rigoureuses (baisse des dépenses publiques et hausse des impôts pour ralentir la demande globale et baisser des tensions sur les prix).

■ *Les politiques de rigueur préconisées par les libéraux*

Les Monétaristes optent plutôt pour la mise en place d'***une politique monétaire et du crédit de rigueur***, afin de freiner la création monétaire : hausse des taux d'intérêt directeurs* et des réserves obligatoires*, encadrement du crédit bancaire.

D'autre part, ***une stratégie de marché*** (déréglementation des secteurs, abolition des lois anti-trust, interdiction du blocage administratif des prix de détail, suppression du salaire minimum, interdiction des monopoles syndicaux, encouragement de la concurrence internationale) serait la seule capable de réduire les tensions durables sur les prix en supprimant les entraves à la libre concurrence.

PARTIE 5

Les interventions de l'État dans l'économie

Pourquoi l'État intervient-il dans l'économie ?

CHAPITRE 12

La justification de l'intervention de l'État dans l'économie oppose largement les économistes, notamment les Classiques, les Néoclassiques et les Keynésiens, envisageant tour à tour un État gendarme aux fonctions limitées ou un État ayant un rôle actif à jouer dans la croissance économique ou la justice sociale.

1 L'« État gendarme » des Classiques

Les Classiques affirment la liberté naturelle de l'homme et montrent qu'un ordre social compatible avec cette liberté est possible lorsqu'il repose sur le consentement et le contrat. Dans un tel système, il n'y a pas de place pour une intervention économique délibérée de l'État, sauf à ce qu'il soit un *État gendarme* dont le rôle se limite à l'exercice de fonctions régaliennes, à savoir la protection des individus et la défense de la propriété privée contre les agressions intérieures (domaine de la police et de la justice) et extérieures (domaine de l'armée).

2 L'État comme « substitut au marché défaillant » chez les Néoclassiques

Les économistes néoclassiques considèrent que le marché sur lequel les prix sont libres est le meilleur mécanisme d'allocation des ressources ; sans entraves, le marché est à l'équilibre *Pareto optimal*, c'est-à-dire efficace dans la mesure où il n'est pas possible d'améliorer la situation économique d'un agent sans détériorer celle d'un autre.

Toutefois, dans certaines situations, le marché échouerait à coordonner les plans individuels ; l'État bienveillant doit donc intervenir pour pallier les inefficacités provoquées par la recherche de l'intérêt personnel de chaque individu et l'allocation inefficace au sens de Pareto en découlant et garantir le fonctionnement optimal de l'économie par son action désintéressée. Ces cas ***d'échecs*** ou de ***défaillances du marché*** (révélés par A. Pigou [1920]), appelés « maux privés », sont au nombre de trois.

■ *La prise en charge publique des biens collectifs*

Un bien collectif est un bien dont la consommation par un membre de la société n'exclut pas la consommation d'autres individus. Or, si certains biens sont « privatisables » (il est facile de contraindre les consommateurs à payer une représentation théâtrale, le suivi d'un cours d'économie, la consommation d'une marchandise), d'autres sont publics : les routes, l'éclairage public, les ondes hertziennes, la défense nationale, l'ordre public... sont des biens mis à la disposition de tous les individus dès lors qu'ils sont mis à la disposition d'un seul.

Dans ce cas, le mécanisme d'exclusion par les prix ne peut plus jouer puisqu'aucun individu rationnel n'acceptera de payer pour l'utilisation de ce type de bien alors qu'il sait qu'il peut l'obtenir gratuitement si au moins un autre individu accepte de le payer (comportement de « passager clandestin »). Seule une institution investie du pouvoir de ***faire payer les utilisateurs par la force*** (levée des impôts, paiement obligatoire de redevances...) peut assurer la production de tels biens.

■ *Le traitement des externalités*

Une externalité (ou « effet externe ») désigne une situation où l'activité d'un agent a des répercussions sur l'utilité/profit d'un autre agent sans qu'il y ait transaction marchande, c'est-à-dire sans le paiement d'un prix. C'est le cas de la recherche fondamentale, des dépenses d'éducation et des mesures d'hygiène qui bénéficient à l'ensemble de la collectivité en termes de croissance économique, de recul de la délinquance ou de bien-être (externalités positives). Au contraire, l'usine polluante qui, en rejetant des substances dans l'atmosphère, nuit au bien-être des populations environnantes et provoque des externalités négatives. Or, dans le cas des externalités positives, la production décidée par les individus risque d'être insuffisante puisque le gain privé net des coûts est inférieur au bien-être collectif susceptible d'être engendré. Au contraire, il y aura surproduction dans les secteurs qui engendrent des nuisances pour la collectivité sans obligation de dédommagement.

L'***État doit donc « internaliser les externalités »*** en incitant les individus à considérer les coûts et les avantages sociaux dans leur calcul économique : prise en charge d'une partie des dépenses de santé, d'éducation, de recherche... par la collectivité (production de services publics non marchands, subventions aux organismes privés, remboursement des dépenses engagées par les agents) ou réglementation des activités néfastes (taxes sur les productions polluantes, collecte et traitement des déchets, définition de normes d'émission de produits toxiques, détermination de plans d'occupation des sols).

■ *Investissements en infrastructures et production à rendements croissants*

Les technologies à rendements croissants supposent que, pour doubler le volume de production, il n'est pas nécessaire d'augmenter dans les mêmes proportions le volume des facteurs de production. C'est le cas des activités de production où les coûts fixes sont importants : production et distribution d'électricité et de gaz, télécommunications, transports ferroviaires…

Or, le développement de ces activités conduit spontanément à une ***situation de monopole*** compte tenu de l'ampleur des investissements nécessaires et du volume de production considéré avant de pouvoir en tirer partie. L'État doit donc prendre à sa charge ces productions et assurer une exploitation conforme aux intérêts de la collectivité (généralisation de l'accès au service, maintien des prix) en nationalisant les entreprises.

3 Les Keynésiens et la légitimation de l'« État providence »

Suite à la récurrence des crises intervenues au XIXe siècle et à la Grande dépression des années 1930 qui fait apparaître un chômage de masse durable, la conception keynésienne de l'intervention économique de l'État repose sur une ***contestation du caractère autorégulateur du marché***, c'est-à-dire du « laisser faire ».

■ *La mise en place des politiques économiques*

La croissance économique étant caractérisée par des ruptures de rythme, des fluctuations, des crises, l'économie peut se trouver en ***situation de sous-emploi***. Or, pour J.-M. Keynes [1936], les mécanismes spontanés de marché (main invisible et ajustement de l'offre et de la demande suite à la variation des prix) ne peuvent coordonner les actions individuelles et ramener l'économie au plein-emploi. L'État doit donc intervenir en mettant en place des politiques de relance*, c'est-à-dire des politiques budgétaire et monétaire ayant pour objectif d'accroître la demande globale effective de biens et de services*.

L'***effet multiplicateur des dépenses publiques***, noté k, traduit l'ampleur des variations du PIB ou du revenu national (ΔY) induites par une variation des dépenses de l'État (ΔG), soit :

$$\Delta Y = k.\Delta G$$

k étant égal à 1/s en économie fermée, s étant la propension marginale à épargner*. En économie ouverte, k = 1/(s+m) avec m la propension à importer des biens et services étrangers.

Au contraire, en ***période de surchauffe***, l'État doit mener des politiques de lutte contre l'inflation en freinant la demande effective de biens et services* (politiques de rigueur).

■ *La redistribution des revenus*

Si l'on suppose que le bien-être général est un bien collectif, l'altruisme des individus n'est plus suffisant, puisque chacun tentera de faire supporter à l'autre la charge de l'assistance. Il est donc légitime pour l'État de se substituer à l'individu dans la définition des ***préférences collectives*** en imposant la redistribution* des revenus entre les agents et l'assistance vis-à-vis des plus nécessiteux.

Le ***revenu primaire*** des ménages est celui directement lié à leur participation au processus de production (revenus d'activité et du patrimoine).

Le ***revenu disponible brut*** comprend le revenu primaire, les transferts en provenance d'autres ménages et les prestations sociales, nets des prélèvements obligatoires (impôts sur le revenu, taxe d'habitation, CSG* et CRDS*).

Après les premières incursions de l'État dans le domaine social lors de la crise de 1929 (le New Deal aux États-Unis dès 1933, le Front populaire en France en 1936), les ***systèmes publics de redistribution*** tels que ceux existant aujourd'hui vont progressivement se mettre en place dans les pays industrialisés.

Les allocations familiales naissent en 1945 en Grande-Bretagne puis ce sera au tour, l'année suivante, de l'assurance retraite, l'assurance chômage, les congés maladie et le *National health service*. La Sécurité sociale est créée en France en 1945, complétée par l'instauration du minimum vieillesse (1956), les lois sur l'assurance chômage (1958), la création de l'Union nationale interprofessionnelle pour l'emploi dans l'industrie et le commerce (UNEDIC) et l'Association pour l'emploi dans l'industrie et le commerce (ASSEDIC)... sachant que dans tous les pays ayant fait le choix de l'assurance sociale (Allemagne, France, Belgique...) il existe également un filet de sécurité (assistance aux plus nécessiteux).

Pour lutter contre « les 5 grands maux » (pauvreté, insalubrité, maladie, ignorance, chômage), l'Anglais ***W. Beveridge*** préconise dès 1942 la mise en place d'un système de sécurité sociale visant à couvrir l'ensemble des citoyens, sans obligation de cotisations préalables (financement par l'impôt), ni lien avec la profession.

Le chancelier *Bismark* est, lui, à l'origine du modèle d'assurance sociale reposant sur les solidarités professionnelles, mis en place en Allemagne (1883), Autriche (1888), Danemark (1891), Belgique (1894) et en France (1930), avant d'y être généralisé à tous les travailleurs, salariés ou non, et à leur famille proche.

Les dépenses de protection sociale ont représenté 26,9 % du PIB dans l'UE-27 (contre 27,1 % en 2004 et 2005), les pensions de vieillesse et de survie représentant 46 % des dépenses totales, les prestations de maladie et de soins de santé 29 %, les prestations d'invalidité 8 %, les allocations familiales 8 %, les prestations chômage 6 % et celles liées au logement et à l'exclusion sociale 4 %. Ces moyennes masquent toutefois de fortes disparités d'un État membre à l'autre compte tenu des différences de niveaux de vie, de la diversité des systèmes nationaux de protection sociale et des structures démographiques, économiques, sociales et institutionnelles propres à chaque pays ; cette part est donc supérieure à 30 % en France, en Suède et en Belgique et inférieure à 15 % en Lettonie, en Estonie, en Lituanie et en Roumanie.

L'« effort social » en Europe
(dépenses de protection sociale en % PIB, UE-27, 2006)

	En % du PIB		Dépenses par habitant en SPA, 2006	Financement de la protection sociale				
						Dont		
	2005	2006		Contributions publiques	Cotisations sociales	Employeurs	Personnes protégées*	Autres recettes
UE27	**27,1**	**26,9**	**6 349**	**37,6**	**58,9**	**38,2**	**20,6**	**3,5**
Belgique	29,7	30,1	8 520	27,7	70,8	49,3	21,4	1,5
Bulgarie	16	15	1 294	39,5	58	38,3	19,7	2,5
Rép. tchèque	19,1	18,7	3 439	18,8	80,3	53,9	26,4	0,9
Danemark	30,2	29,1	8 601	62,8	30,8	11	19,8	6,4
Allemagne	29,7	28,7	7 706	35,3	63,1	35,3	27,8	1,6
Estonie	12,7	12,4	1 976	19,5	80,4	80,1	0,3	0,1
Irlande	18,2	18,2	6 321	53,2	41,8	26,2	15,5	5
Grèce	24,3	24,2	5 525	31,4	57,7	35,1	22,6	10,9
Espagne	21,1	20,9	5 163	33,9	63,9	48,5	15,4	2,2
France	31,4	31,1	8 200	30,6	65,2	44,3	20,9	4,2
Italie	26,3	26,6	6 476	41,9	56,4	41,3	15,1	1,6
Chypre	18,4	18,4	3 994	48,1	39,1	24	15,1	12,8
Lettonie	12,4	12,2	1 547	35,5	63,9	47,1	16,8	0,6

Lituanie	13,1	13,2	1 770	38,5	61	54,9	6,1	0,5
Luxembourg	21,7	20,4	13 458	45,6	50,5	26,5	24	3,9
Hongrie	21,9	22,3	3 401	40,6	53,8	38,6	15,2	5,7
Malte	18,4	18,1	3 298	35,2	62	43,3	18,7	2,8
Pays-Bas	27,9	29,3	9 099	20,1	69,5	31,8	37,7	10,4
Autriche	28,8	28,5	8 524	33,3	65,3	37,8	27,4	1,4
Pologne	19,7	19,2	2 373	33,3	48	25,9	22	18,8
Portugal	25,4	25,4	4 451	44,1	45,3	30,8	14,5	10,6
Roumanie	14,2	14	1 277	19,6	69,5	56,3	13,2	10,8
Slovénie	23	22,8	4 793	30,7	67,9	27,1	40,8	1,4
Slovaquie	16,7	15,9	2 387	25,5	65,6	44,2	21,4	8,9
Finlande	26,7	26,2	7 215	43,3	50,6	38,8	11,8	6
Suède	31,5	30,7	8 998	48,9	48,7	39,9	8,9	2,4
Roy.-Uni	26,3	26,4	7 410	50,4	47,9	34,2	13,7	1,7

* : les personnes protégées comprennent, par exemple, les salariés, les travailleurs indépendants et les retraités.

Sources : Eurostat (2009), *L'UE27 a consacré 26,9 % du PIB à la protection sociale*, Communiqué de presse, n° 80/2009, 2 juin, 3 pages, p. 3.

Comment l'État intervient-il dans l'économie ?

CHAPITRE 13

Selon R. Musgrave [1959], l'État intervient dans l'économie de trois manières différentes : il régule, produit et redistribue.

1 Les fonctions de l'État

■ *L'État régulateur*

Premièrement, l'État exerce une ***fonction de stabilisation de l'activité économique*** en tentant d'orienter l'économie à court terme (politique conjoncturelle) et à long terme (politique structurelle).

a) La politique conjoncturelle

Depuis la crise des années 1930, l'État n'a de cesse d'intervenir pour rectifier l'évolution spontanée de la conjoncture économique.

Les ***cycles économiques*** sont des périodes plus ou moins longues caractérisées par une succession de phases de hausse (expansion économique) et de baisse (crise) de la production.

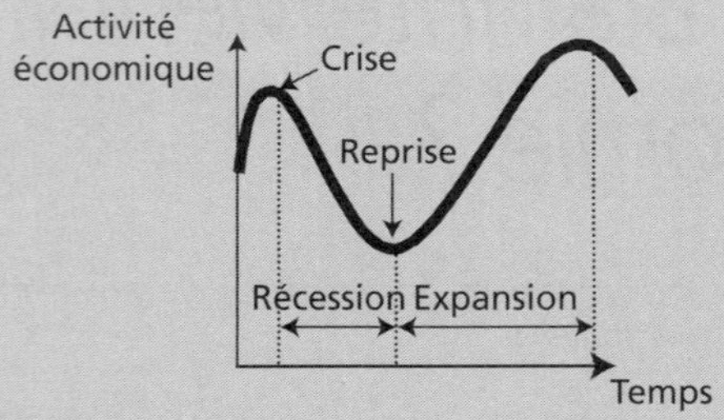

On distingue les cycles longs de 50 ans (ou « cycles Kondratieff »), les cycles des affaires d'une dizaine d'années (ou « cycles Juglar ») et les cycles mineurs (ou « cycles Kitchin »).

Au titre de ses « ***variables objectifs*** », la politique conjoncturelle vise les grands équilibres macroéconomiques à court terme résumés dans le « carré magique » de N. Kaldor [1939] : stabilité des prix, activité, plein-emploi et équilibre extérieur. Étant donné son poids décisif, on surveille également la situation des finances publiques* (déficit des administrations publiques, dette publique*, taux d'intérêt réel moyen de la dette).

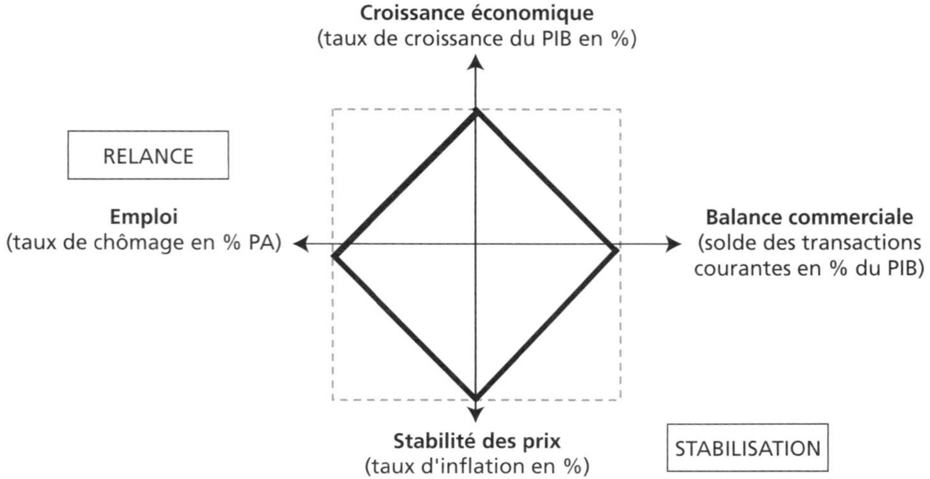

Les deux principaux ***leviers ou « variables instruments »*** dont disposent les pouvoirs publics sont la politique budgétaire* (dépenses publiques, prélèvements obligatoires) et la politique monétaire* (gestion de la masse monétaire par l'action sur les taux d'intérêt directeurs*). D'autres instruments sont utilisés en complément : la politique des revenus (SMIC, traitement des fonctionnaires, versement des allocations…), la politique de change et la politique commerciale.

Les politiques conjoncturelles peuvent être expansionnistes (relance) en cas de croissance économique faible et de chômage important ou de rigueur (stabilisation) en cas de surchauffe, c'est-à-dire d'inflation et de déséquilibre des échanges extérieurs. Menées alternativement, on parle de politiques de *stop and go* pratiquées pendant les Trente Glorieuses (1945-1975) et dominées par la vision keynésienne de soutien à la demande globale de biens et services.

Toutefois, le phénomène de la stagflation des années 1970-1980 (concomitance du chômage et de l'inflation) et l'accroissement du poids de la dette publique* ont mis à mal les politiques keynésiennes et conduit à accorder plus de place aux ***politiques d'offre*** ; la croissance et l'emploi sont alors recherchés par un allégement de la fiscalité sur le travail, la favorisation de l'épargne et des profits de façon à stimuler l'offre de facteurs de production et à améliorer la rentabilité des entreprises.

b) La politique structurelle

La politique structurelle est orientée sur le long terme : il s'agit de faire évoluer (de manière plus ou moins progressive, autoritaire et dirigiste) les structures socio-économiques du pays de façon à améliorer durablement l'efficience de l'appareil productif et à élever les performances macro-économiques (les priorités affichées en France sont : la compétitivité, l'aménagement du territoire, l'équilibre social) :

- la ***réglementation*** recouvre un ensemble d'instruments (lois, arrêtés, règlements…) par lesquels les pouvoirs publics imposent des obligations aux entreprises et aux personnes physiques. On distingue la réglementation des prix (contrôle et/ou blocage partiel ou total des prix avant 1986, instauration du SMIC…), la réglementation des quantités (RTT avec compensation salariale totale et limitation des heures supplémentaires, par exemple) et la réglementation des marchés (ce fut le cas des marchés de capitaux* jusqu'au milieu des années 1980) ;
- la ***politique industrielle*** traduit les relations qu'entretient l'État avec l'industrie par son intervention directe (commandes publiques, nationalisations) ou indirecte (prises de participation dans des entreprises privées, subventions, réductions d'impôts…) afin de susciter ou d'accompagner les transformations des secteurs sélectionnés. Elle peut être globale (dirigée vers l'ensemble du système productif), sectorielle (secteur agricole, nouvelles technologies…) ou viser un groupe de secteurs en les associant à de grands programmes (Ariane ou Airbus pour l'industrie européenne).

■ *L'État producteur*

Au titre de sa fonction d'allocation, l'État consacre des ressources prélevées par voie d'autorité à réaliser des activités qui soit n'existeraient pas, soit seraient laissées au marché sur des critères de rentabilité. L'État est donc producteur de biens et services, et ce à deux titres :

- ***les services publics*** : l'État, par le biais des administrations publiques, produit des services collectifs non marchands*, c'est-à-dire financés totalement ou partiellement par la collectivité : l'administration publique, la défense, l'éducation, la santé, la culture... ;
- ***les entreprises publiques*** : une entreprise publique est une entreprise sous contrôle de l'État, quelle que soit sa forme juridique (régie, société d'économie mixte, société anonyme, ministère comme la Poste), qui offre des biens et des services privatifs à des « prix de marché ».

Les ***nationalisations d'entreprises*** sont généralement « justifiées » dans le cadre des monopoles naturels*, mais également au titre d'une sanction infligée à une entreprise, de la prise en charge de certains domaines d'importance stratégique ou pour mieux orienter les ressources vers des secteurs jugés prioritaires... sur décret d'expropriation ou par confiscation.

■ *L'État redistributeur*

La redistribution est un mécanisme par lequel le Trésor ***effectue des prélèvements*** sur les revenus primaires* des agents économiques et les administrations publiques (État, organismes de Sécurité sociale, collectivités locales), puis ***les redistribuent*** au titre de la protection contre un risque social (assurance sociale) ou de l'égalité des revenus (assistance sociale).

a) L'État prélève des ressources

Il existe trois grandes catégories de prélèvements obligatoires :

- les i***mpôts*** liés à la consommation, la production et à l'importation (TVA, droits d'accises, taxe professionnelle, droits de douane), les impôts sur le revenu et le patrimoine (IR, IS, ISF), les impôts locaux ;
- les ***taxes*** ;
- les ***cotisations sociales*** : prélevées sur les salaires et les revenus des travailleurs non salariés et sur les employeurs, elles sont versées aux organismes de Sécurité sociale : la CSG (7,5 % frappant tous les revenus depuis 1999) et la RDS (0,5 % sur tous les revenus).

b) L'État redistribue les revenus

Sous l'impulsion de P. Laroque, le ***système de protection sociale français*** naît en 1945 d'une combinaison de deux logiques :

– celle de l'***assurance sociale*** (système bismarckien) qui repose sur une redistribution financée par des cotisations sociales, c'est-à-dire qui établit un lien entre la situation de travail des individus et les droits qu'ils acquièrent ainsi et dont ils disposent une fois la survenance du risque. Il s'agit donc de compenser la perte de revenu par une redistribution horizontale contributive ;

– celle de l'***assistance sociale*** (système beveridgien) qui suppose de modifier le partage initial du revenu national de manière à lutter contre les différentes formes de pauvreté ; la société reconnaît à chacun de ses membres le droit à un minimum de ressources, même s'il n'a pas cotisé auparavant et quelle que soit sa situation. Il s'agit de répondre gratuitement aux risques de la vie par une redistribution verticale.

L'État redistribue directement des revenus par des subventions aux producteurs et surtout des prestations sociales aux ménages en argent (revenus de transfert), en nature (services sociaux rendus à titre gratuit ou quasi gratuit) ou sous forme d'avantages fiscaux.

Le « ***revenu social*** » (part des prestations sociales dans le revenu disponible brut des ménages) représente aujourd'hui plus de 30 %, contre environ 58 % pour les revenus d'activité.

La redistribution peut être :

– ***verticale*** : redistribution des hauts vers les bas revenus (barème progressif de l'impôt sur le revenu, par exemple) ;

– ***horizontale*** : redistribution entre ceux qui n'ont pas d'enfants et ceux qui en ont (politique familiale), entre les bien-portants et les malades (politique de santé), entre ceux qui ont un emploi et ceux qui n'en ont pas (allocations chômage), entre les riches et les pauvres (minima sociaux, dont le Revenu minimum d'insertion) ;

– ***intersectorielle*** : compensation entre le régime général de la Sécurité Sociale, structurellement excédentaire, et le régime agricole déficitaire ;

– ***intergénérationnelle*** : redistribution entre les jeunes et les vieux (financement des retraites par répartition).

Finalement, les différents régimes d'assurance sociale contribuent aux risques sociaux « santé » pour 35,2 % des prestations, « vieillesse-survie » pour 44,7 %, « maternité-famille » pour 9,1 % et « emploi » pour 6,8 %.

Les différents risques sociaux et leur part dans les prestations sociales

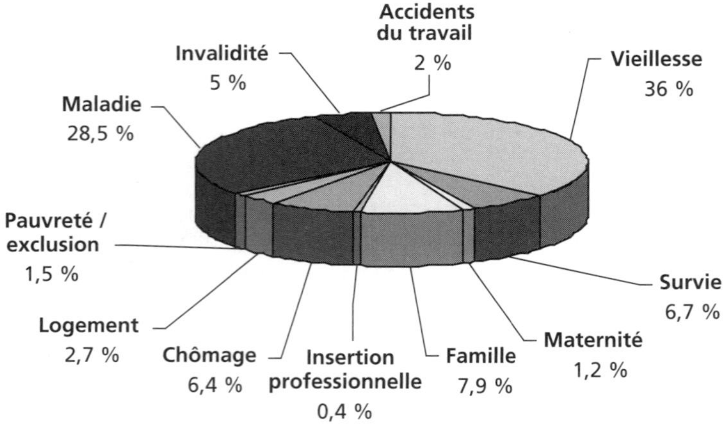

Les dépenses de protection sociale de l'État atteignent, en 2008, 422,5 milliards d'euros, sachant que le taux de redistribution (prestations sociales/PIB hors fourniture des biens collectifs) est passé de 12 % en 1949 à près de 30 % aujourd'hui.

Ensemble des dépenses sociales (en milliards d'euros, France 2007)

Dépenses du budget de la Sécurité Sociale	427,3
– maladie	179,0
– accidents du travail	11,8
– vieillesse	179,7
– famille	56,8
Prestations sociales hors Sécurité Sociale	209,1
– maladie (complémentaire)	46,0
– retraite (complémentaire : AGIRC et ARCCO)	45,9
– fonds de solidarité vieillesse	14,2
– fonds des prestations sociales agricoles*	16,8
– pensions du personnel de l'État*	48,0
– pensions du personnel hospitalier*	10,7
– assurance-chômage*	27,5

Dépenses sociales du budget de l'État (hors pensions des fonctionnaires)	43,8
– travail-emploi	12,3
– solidarité	12,0
– logement-ville	7,2
– retraites (transports, marins, mines)	5,1
– anciens combattants	3,4
– enseignement, vie étudiante (bourses)	2,0
– sports, jeunesse, vie associative	0,8
– immigration	0,6
– santé	0,4
Dépenses sociales des départements*	**22,2**
Dépenses socio-économiques et culturelles du budget de l'État	**9,1**
– aides à l'agriculture	2,9
– aides à l'audiovisuel public	2,9
– culture	2,8
– médias	0,5

(*) Chiffres 2006.

Sources : DREES [2008], *Les comptes de la protection sociale en 2007*, Études et résultats, n° 667, 8 pages.

2 Les manifestations de l'intervention de l'État dans l'économie

■ *Recettes et dépenses publiques sur une période*

a) Le budget de l'État

Le budget annuel de ***l'État (au sens strict)***, c'est-à-dire des administrations centrales (ministères), établit les recettes et les dépenses prévues pour l'année. Il est adopté par le Parlement (Assemblée nationale et Sénat) sur proposition du gouvernement.

En 2008, l'État a perçu 299,7 milliards d'euros de ***recettes***, auxquelles il faut soustraire 69,61 milliards de prélèvements au profit des collectivités territoriales et des Communautés européennes. Les 9/10e des recettes du budget de l'État proviennent des prélèvements obligatoires* (214 impôts existent en France), le reste venant des recettes non fiscales (recettes de la production marchande – armement – et recettes exceptionnelles – privatisation des entreprises publiques).

Décomposition des recettes du budget de l'État (en milliards d'euros et %, France, 2008 et 2009)

Recettes fiscales			Recettes non fiscales		
	2008	**2009**		**2008**	**2009**
TVA	134,9	126,7	Revenu du patrimoine de l'État, produit de diverses redevances d'usage du domaine public, produits des amendes	28,1	21,6
Impôt sur le revenu	60,5	50,4			
Impôt sur les sociétés	53,8	37,4			
TIPP	16,5	15,1			
Autres (dont ISF)	5,8	15,4			

Au niveau des ***dépenses publiques*** (280 milliards en 2008 et 370,4 milliards d'euros en 2009), on distingue les dépenses « ordinaires » (rémunération des fonctionnaires pour 45 %, aides à l'emploi ou aux agriculteurs) et les dépenses en capital (investissement)... dont la structure a été largement déformée à mesure de la hausse des missions de l'État, de la création de la Sécurité sociale et de la décentralisation au détriment des seules dépenses régaliennes.

Les principaux postes de dépenses du budget de l'État (en milliards d'euros, France, 2009)

Enseignement (Éducation nationale et enseignement supérieur) et recherche	84,0
Collectivités territoriales (hors plan de relance de l'économie)	54,7
Intérêts de la dette	44,6
Défense	37,3
Travail, emploi et solidarité, égalité des chances	23,3
Sécurité et justice	22,8
Union européenne	18,9
Écologie, développement et aménagement durables, ville et logement	17,5
Plan de relance de l'économie*	14,6
Prêts à la filière automobile	6,7
Autres missions	46,0
(Remboursements et dégrèvements**)	83,1

(*) Y compris Fonds de compensation de la taxe sur la valeur ajoutée exceptionnel

(**) Remboursement des excédents de TVA déductibles que les entreprises ont supporté sur leurs achats.

Note : Les remboursements du capital de la dette à long et moyen termes ne sont pas comptabilisés comme dépenses (variations du bilan), soit 71 milliards d'euros en 2007 (le capital dû et les intérêts de la dette représentent 110 milliards d'euros, soit quasiment ce que l'État emprunte chaque année !).

Sources : Chiffres établis sur la base du projet de la loi de finances rectificative présenté par le gouvernement le 4 mars 2009.

Le solde sera un déficit public (si les dépenses sont supérieures aux recettes) ou un excédent (dans le cas contraire). Le ***déficit public français*** s'élève, en 2008, à 65,9 milliards d'euros, soit 3,4 % du PIB (le deuxième plus important de la Ve République après celui de 1993 établi à 71,6 milliards d'euros), dont 56,4 milliards pour les administrations centrales, 8,6 milliards pour les APU locales et 0,9 milliard pour les administrations de la Sécurité sociale. En 2009, le déficit public devrait atteindre 103,8 milliards d'euros, soit au-delà des 6 % du PIB. L'Union européenne a lancé officiellement une procédure pour déficit excessif contre la France (l'Espagne, l'Irlande et la Grèce sont également concernées) ; les États de l'UE-27 exigent la prise de mesures correctives d'ici octobre 2009 et accordent 3 ans à la France pour ramener son déficit public sous la barre des 3 % du PIB.

b) Les finances publiques

Les finances publiques désignent l'ensemble des éléments se rapportant aux budgets des différentes ***administrations publiques (État au sens large)*** : État, collectivités territoriales, organisations de Sécurité sociale. En 2007, le total des dépenses des administrations publiques était égal à 991 milliards d'euros (contre 940,4 milliards de recettes), soit 52,7 % de la richesse nationale (+6,8 points par rapport à la moyenne européenne, 8,8 points de plus que l'Allemagne et 18,9 points de plus que les pays de l'Est de l'UE).

Les dépenses de protection sociale (retraite, chômage, famille, exclusion, handicap, dépendance) captent 42,2 % du total (près de 390 milliards d'euros), auxquelles viennent s'ajouter les dépenses de santé (126 milliards d'euros). Finalement, 56 % des dépenses publiques sont consacrées à la couverture des risques sociaux.

Plusieurs facteurs sont avancés pour expliquer la croissance des dépenses publiques.

Selon la ***loi de Wagner***, l'industrialisation d'un pays entraîne son développement (croissance de son revenu par tête) et l'urbanisation qui impliquent à leur tour une augmentation des besoins collectifs en termes d'infrastructures (services publics urbains) et de services non marchands (loisirs, culture, éducation, santé, protection de l'environnement...). Les dépenses publiques augmentent inévitablement et plus vite que le revenu de la population à mesure de la civilisation de la société, puisque seul l'État peut financer ces investissements dont la rentabilité à court terme est nulle (A. Wagner [1867]).

L'accroissement du poids de l'État dans l'économie trouve également son explication dans :

- les ***effets de déplacement*** (A. Peacok, J. Wiseman [1969]). En effet, si la prise en charge d'événements exceptionnels (guerres, cataclysmes naturels...) est rapide, les ponctions sont plus difficiles à ôter une fois la situation redevenue normale (déplacement du seuil de *tolérabilité*), ce qui permet à l'État d'accroître ses marges de manœuvre ;
- la ***socialisation*** d'une partie de la demande de biens et services à cause des défaillances du marché* (*théorie des biens collectifs*) ;

- le fait que l'État fournisse essentiellement des services de main-d'œuvre faibles en infrastructures et en capital qui connaissent ***peu de gains de productivité*** ;
- le besoin des politiques à satisfaire les ***groupes de pression*** (multiplication des commandes et des dépenses de redistribution). Voir *Chapitre 14* ;
- le coût de fonctionnement de ***la bureaucratie*** (M. Olson [1971]).

L'État affiche, en conséquence, un besoin de financement de 50,6 milliards d'euros (contre 65,7 milliards d'euros en 2003 et 60,1 en 2004).

■ *La dette publique*

La ***dette publique*** au sens du Traité de Maastricht (c'est-à-dire la dette de toutes les administrations publiques – État, administrations de Sécurité sociale, administrations locales et organismes divers d'administration centrale) désigne l'ensemble des emprunts contractés par les APU au titre du financement de la somme des déficits publics. En 25 ans, la dette publique a été multipliée par 5 pour atteindre, en avril 2009, 1 362,4 milliards d'euros, encours représentant 69,1 % du PIB français (contre 583 milliards de francs en 1980, soit 2 % du PIB).

Ces emprunts, comme les remboursements, ne figurent pas dans le budget de l'État ; seuls les intérêts de la dette* y apparaissent comme une charge.

Les critiques de l'intervention de l'État dans l'économie

CHAPITRE 14

Au milieu des années 1970, la croissance se met à ralentir et le chômage à augmenter en dépit de l'intervention économique des États, ce qui jette le doute sur l'efficacité de l'activisme budgétaire et sur leur capacité à compenser les coûts qu'une telle intervention suppose.

1 Les critiques libertaires de l'État

■ *La critique marxiste de l'État*

Les économistes socialistes envisagent le rôle de l'État dans une ***perspective historique et conflictuelle***.

Dans le capitalisme, l'État est l'expression des intérêts de la classe économiquement dominante ; il assume donc une fonction idéologique (légitimation de l'ordre de classe existant) et une fonction répressive (en tant qu'« État bourgeois », il élabore des règles et des moyens répressifs qui vont permettre aux propriétaires des moyens de production d'exploiter les prolétaires et de prendre les décisions économiques les plus appropriées pour accroître leur profit).

La situation sera tout autre après le renversement du capitalisme, dans ***le socialisme*** (l'État est nécessaire sous la forme d'une dictature du prolétariat : il redistribue les richesses en faveur des ouvriers selon la règle du « à chacun selon son travail »), mais surtout dans ***le communisme***. Le communisme étant le règne de l'abondance, le conflit cède la place à l'harmonie ; devenu inutile, l'État disparaît.

■ *Les critiques libertariennes de l'État*

Les économistes de l'École autrichienne* affirment ***la primauté de la liberté individuelle***. Toute coercition ou contrainte est donc à bannir, l'intervention de l'État, en plus d'être immorale (puisque les choses ne sont pas justes ou injustes en elles-mêmes), risquant de déclencher des déséquilibres cumulatifs (en stimulant artificiellement certaines demandes ou en monopolisant certaines offres, en encourageant la fuite vers l'inactivité et l'économie souterraine...), voire l'injustice et la servitude.

L'État doit être résiduel, un « veilleur de nuit » qui n'agit que pour protéger le marché et la liberté individuelle, et non un système de contrainte mélangeant pouvoir politique et pouvoir économique.

2 La remise en cause de l'efficacité des politiques keynésiennes de relance

Les marges de manœuvre des politiques monétaire* et budgétaire* se sont progressivement réduites, en butant sur différentes contraintes.

■ *Les dangers de la politique budgétaire expansionniste*

a) Accroissement de la dette publique et effets pervers

Les dépenses publiques excessives cumulées conduisent à la constitution d'une dette publique* aux effets destructeurs :

- ***effet « boule de neige » de la dette publique*** lorsque le taux de croissance de l'économie est faible par rapport aux taux d'intérêt. Selon les estimations de l'INSEE, la charge budgétaire de la dette de l'État se monte à 40,8 milliards d'euros pour l'année 2008 ; rien que le paiement des intérêts représente 15 % du budget général* de l'État ;
- ***effet d'éviction des investisseurs privés*** lorsque l'État choisit de financer son déficit par l'emprunt sur le marché obligataire : moins de ressources sont disponibles pour le financement des investissements privés et le coût du financement des entreprises privées augmente (la raréfaction des capitaux comparativement à la demande de monnaie fait grimper les taux d'intérêt), c'est-à-dire le coût de l'endettement.

Le ***Pacte de Stabilité et de Croissance*** adopté lors du Sommet d'Amsterdam en 1997 cherche à imposer un minimum de discipline budgétaire aux pays membres de l'UEM :
– recherche obligatoire de l'équilibre budgétaire ;

– amende (0,5 % du PIB maximum) infligée aux pays présentant un déficit public supérieur à 3 % du PIB, sauf pour cause de « circonstances exceptionnelles » (se traduisant par une baisse du PIB supérieure à 2 % par an).

b) La contrainte extérieure

L'efficacité de la politique budgétaire est réduite en cas d'ouverture de l'économie puisque toute relance de la demande globale de biens et services est susceptible d'entraîner un ***gonflement des importations*** (consommation de biens importés), d'où une fuite des capitaux hors du pays.

c) Inefficacité d'une relance par la consommation des ménages

Selon la *théorie du revenu permanent* de M. Friedman, les hausses transitoires de revenu courant résultant d'une politique de relance budgétaire n'ont aucun effet expansionniste, puisque les individus ne s'en trouvent pas durablement plus riches ; ils ne consomment donc pas plus.

Le ***revenu permanent*** est la somme actualisée de l'ensemble des revenus futurs, au contraire du revenu courant (revenu du mois en cours).

d) Les agents ne sont pas soumis à l'illusion fiscale

Les ménages ne sont pas dupes. Ils savent que les dépenses publiques d'aujourd'hui devront être remboursées ; ils anticipent donc pleinement ***la hausse future des impôts*** destinée à rembourser les emprunts publics actuels (thèse ancienne de D. Ricardo [1817] reprise par R. Barro [1994]). En prévision, ils augmentent leur épargne d'un montant équivalent à l'endettement public, ce qui constitue une fuite dans le circuit économique keynésien*. Ainsi, d'ici à la fin 2010, le taux d'épargne des ménages devrait encore augmenter de 5 à 6 points aux États-Unis et au Royaume-Uni, de 2 à 4 points en Espagne et en Italie, de 1 à 1,5 point en France et en Allemagne (voir chapitre 8) en prévision du nécessaire financement des plans de relance, indique le FMI [2009].

e) Le « trop d'État » comme facteur de récession

Selon A. Laffer [1979], lorsque les prélèvements obligatoires dépassent un certain seuil (t*), l'État lui-même va en pâtir en enregistrant des recettes publiques moindres. Dans ce sens, on dit que « les hauts taux tuent les totaux ».

Courbe de Laffer

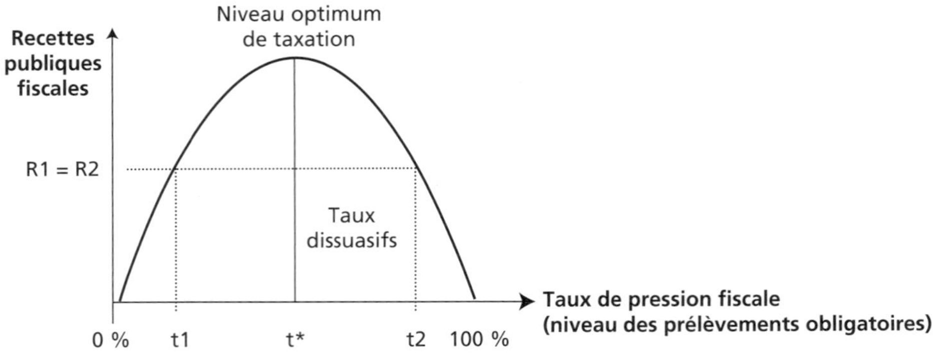

En fait, au-delà de t*, la pression fiscale diminue l'utilité relative du travail par rapport au loisir (baisse des revenus nets) ; certains individus préfèrent réduire leur production et gagner moins ou dissimuler leurs revenus, d'où un montant moindre d'impôts, de taxes et de cotisations à prélever par l'État ; « ***trop d'impôts tuent l'impôt*** ».

L'***Économie de l'offre*** propose une analyse économique justifiant la baisse du poids de l'État dans la vie économique et sociale afin de libérer les initiatives des individus et des entrepreneurs.

Le poids des prélèvements obligatoires des administrations publiques et des institutions communautaires atteignait 43,7 % du PIB français en 2008.

■ *Les dangers de la politique monétaire de relance*

a) Le risque d'inflation et les réactions des agents

Si l'État opte pour la monétisation de son déficit public* (il fait tourner la « planche à billets » pour obtenir les moyens de paiements dont il a besoin) ou si les autorités monétaires injectent trop de monnaie dans l'économie, il y a inflation*. Or, Monétaristes et Nouveaux Classiques vont rejeter l'idée keynésienne selon laquelle un arbitrage peut s'opérer entre l'inflation et le chômage (relecture keynésienne de la courbe de Phillips*).

Le plein-emploi correspond au ***chômage naturel*** (U_0), c'est-à-dire le niveau de chômage qui stabilise l'inflation à un niveau faible. C'est la meilleure situation réalisable en fonction d'un certain nombre de contraintes structurelles.

F. Modigliani [1975] définit de manière statistique le chômage naturel par le NAIRU (*Non Accelarating Inflation Rate of Unemployment*), c'est-à-dire le taux de chômage qui n'accélère pas le niveau des prix.

Pour M. Friedman [1956], tant que les salariés sont ***victimes de l'illusion monétaire*** et ne se rendent pas compte de l'érosion de leur pouvoir d'achat concomitante à la hausse des prix provoquée par la politique monétaire expansionniste, il est effectivement possible d'améliorer l'emploi puisqu'ils consomment plus et ainsi relancent la demande de biens et services. Mais dès qu'ils en prennent conscience, ils revendiquent des hausses de salaires nominales susceptibles de compenser la hausse des prix. Face à cette hausse de leurs coûts de production, les entreprises licencient. L'économie se retrouve donc au même niveau de chômage initial, avec un taux d'inflation supérieur (passage du point ① au point ③ correspondant au taux de chômage U_0, avec passage transitoire en ②), après un délai d'ajustement des comportements des entreprises et des salariés.

Les économistes de l'École des anticipations rationnelles* vont plus loin en niant le processus d'adaptation ; ***les agents ne peuvent être trompés par les autorités***, car ils connaissent le « vrai modèle de l'économie » et anticipent, dès le court terme, les effets inflationnistes de la politique monétaire expansionniste. La courbe de Phillips est donc verticale au niveau d'un taux de chômage naturel (noté U_0), contre lequel il est illusoire de vouloir lutter avec des politiques conjoncturelles (passage direct du point ① au point ③ sans amélioration de la situation de l'emploi à court terme).

La remise en cause de la courbe de Philips

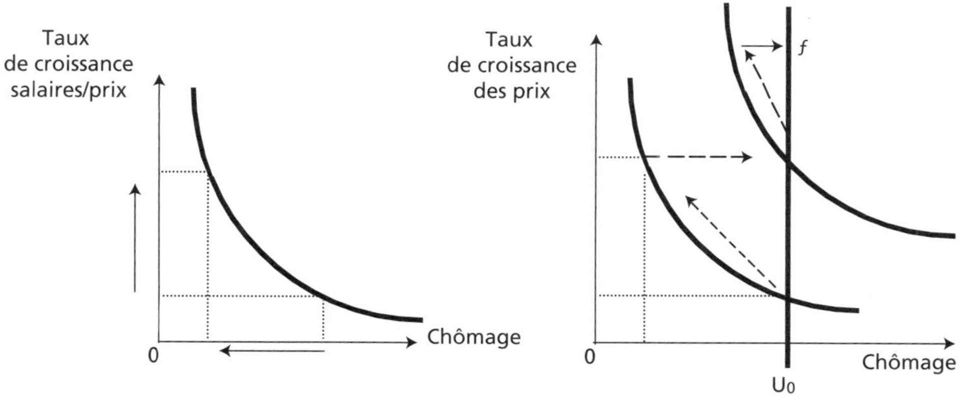

La courbe de Philips

Relecture/remise en cause
par les monétaristes
et les nouveaux classiques

Les Monétaristes formulent l'hypothèse des ***anticipations adaptatives*** (existence d'un délai d'ajustement des comportements des entreprises et des salariés), alors que les Nouveaux Classiques celle des ***anticipations rationnelles*** (parfaite connaissance du modèle économique).

b) Les contraintes à l'efficacité de la politique monétaire expansionniste

Premièrement, la politique monétaire de relance est inefficace si, malgré la baisse des taux d'intérêt, les investissements des entreprises et la consommation des ménages n'augmentent pas. Et c'est ce qui se passe effectivement en ***période de morosité économique*** (constitution d'une épargne de précaution et comportements d'attente).

D'autre part, la baisse des taux d'intérêt peut encourager ***la fuite des capitaux*** vers les zones du monde où les taux d'intérêt sont plus élevés.

3 Les « maux publics » ou l'intervention contre-productive de l'État

Les économistes de l'École des choix publics* considèrent que la justification de l'intervention publique au titre de la correction des situations d'échecs du marché (théorie néoclassique de A-C. Pigou* [1920]) est fausse, car elle reviendrait à supposer qu'elle est plus efficace que la régulation marchande. Or, celle-ci provoque des « maux publics » qui éloignent encore plus d'économie de l'optimum :

- ***la bureaucratie*** provoquée par la poursuite des intérêts particuliers des bureaucrates qui cherchent à maximiser la dépense publique ;
- ***l'incohérence des décisions politiques***, puisque les hommes politiques – pas plus désintéressés et rationnels que n'importe quel autre individu de la Nation – décident des réglementations, des subventions... en fonction des souhaits des groupes de pression auxquels ils sont soumis et de la proximité des échéances électorales (*théorie de la recherche de rente*).

P. Rosenvallon [1981] parle « ***triple crise de l'État Providence*** » :

– crise de financement (hausse des dépenses dans le contexte de ralentissement de la croissance par rapport aux recettes publiques du fait de la moindre progression des salaires, de la hausse du nombre de chômeurs et de la baisse des actifs) ;

– crise d'efficacité (augmentation du nombre d'exclus et de pauvres) ;

– crise de légitimité face à la difficulté de l'État à répondre aux attentes sociales de plus en plus importantes (emploi, logement, formation) et au refus de la population à financer la solidarité.

BIBLIOGRAPHIE

Livres à consulter

– COMBE (E.), *Précis d'économie*, PUF, coll. « major », 9e édition, 2007.

– DELAS (J.-P.), *Économie contemporaine – faits, concepts, théories*, Ellipses, nouvelle édition, 2008.

– MONTOUSSE (M.), *Théories économiques*, Bréal, coll. « amphi », 2e édition, 2008.

– SILEM (A.), ALBERTINI (J.-M.), *Lexique d'économie*, Dalloz-Sirey, 10e édition, 2008.

On recommandera également la lecture des différents numéros de *Problèmes Économiques*.

Sites Internet à consulter

– INSEE : *www.insee.fr* (voir notamment *Tableaux de l'économie française* et *Portrait social de la France*), éditions 2008.

– La Documentation Française : *www.ladocumentationfrançaise.fr*.

IMPRIM'VERT®

Achevé d'imprimer par Corlet, Imprimeur, S.A. - 14110 Condé-sur-Noireau
N° d'Imprimeur : 123465 - Dépôt légal : août 2009 - *Imprimé en France*